SORBET: FORFRISKENDE OPPSKRIFTER PÅ FROSNE DETTER

Unn deg 100 kule og utsøkte smaker av hjemmelagde sorbeter

Oline Martinsen

opphavsrett Materiale ©2024

Alle Rettigheter Forbeholdt

Nei del av dette bok kan være brukt eller overført i noen form eller av noen midler uten de ordentlig skrevet samtykke av de forlegger og opphavsrett Eieren, unntatt til kort sitater brukt i en anmeldelse. Dette bok bør ikke være ansett en erstatning til medisinsk, lovlig, eller annen profesjonell råd.

INNHOLDSFORTEGNELSE

INNHOLDSFORTEGNELSE..3
INTRODUKSJON...7
BÆRSORBETER..8
1. Jordbærsorbet med Oreo -kjeks.............................9
2. Rød bringebærsorbet..11
3. Blandet bærsorbet..13
4. Jordbær- og kamillesorbet.....................................15
5. Sorbet av jordbær, ananas og appelsin..............17
6. Banan-jordbær sorbet...19
7. Bringebærsorbet...21
8. Tristar jordbærsorbet..23
EKSOTISKE SORBETER..25
9. Sorbete de Jamaica..26
10. Pasjonsfruktsorbet...28
11. Kiwi sorbet...30
12. Kvedesorbet...32
13. Guava sorbet..34
14. Granateple ingefær sorbet..................................36
15. Tropisk fruktsorbet..38
16. Açaí Sorbet...40
17. Tropisk Margarita Sorbet....................................42
18. Litchi Rose Sorbet..44
19. Papaya Lime Sorbet...46
20. Guava pasjonsfruktsorbet...................................48
FRUKT SORBETER..50
21. Steinfruktsorbet...51
22. Lady of the Lake..53
23. Avokadosorbet..55
24. Mango sorbet..57
25. Spicy Tamarind Candy Sorbet...........................59
26. Tranebær- eplesorbet...62

27. Vannmelon sorbet..64
28. Kaktuspadlesorbet med ananas og lime..........................66
29. Avokado–pasjonsfruktsorbet...68
30. Soursop sorbet...70
31. Frisk ananassorbet..72
32. Hvit ferskensorbet..74
33. Pæresorbet...76
34. Concord druesorbet..78
35. Deviled Mango Sorbet...80
36. Aprikossorbet..82
37. Bing kirsebærsorbet..84
38. Cantaloupe sorbet...86
39. Kirsebær sorbet...88
40. Tranebærjuicesorbet...90
41. Honningduggsorbet..92
42. Marcel Desaulniers banansorbet..94
43. Fersken-, aprikos- eller pæresorbet...................................96
44. Sorbet de Poire..98
45. Eplesorbet uten sukker...100
SITRUS SORBETER...102
46. Grapefruktsorbet...103
47. Yuzu sitrussorbet..105
48. Oaxacan limesorbet..107
49. Forfriskende limesorbet...109
50. Sitronsorbet...111
51. Grapefrukt og Gin Sorbet..113
52. Melon- og limesorbet...115
53. Sitron- og chutneysorbet...117
54. Rosa Lemonade og Oreo sorbet......................................119
55. Rubin grapefruktsorbet..121
56. Mandarin oransje sorbet..123
57. Kremet kjernemelk-sitronsorbet.....................................125
58. Sitrus pepper sorbet...127
59. Kokos Lime Sorbet...129
60. Lime sorbet...131

61. Honning sitronsorbet...133
URTE- OG BLOMMESORBETTER...................................135
62. Moringa og blåbærsorbet...136
63. Eple- og myntesorbet...138
64. Konstant kommentar Sorbet...140
65. Korianderinfundert avokadolimesorbet...................................142
66. Grønn te sorbet..144
67. Earl Grey te-sorbet..146
68. Jasmin te sorbet...148
69. Ananas-urtesorbet...150
70. Lavendel sorbet...152
71. Rose Sorbet..154
72. Hibiskus sorbet..156
73. Hylleblomstsorbet...158
NØTTESORBETER..160
74. Almond S orbet..161
75. Sorbet med riskaker og rødbønnepasta....................................163
76. Pistasj sorbet...165
77. Hasselnøttsjokoladesorbet...167
78. Cashew Kokos Sorbet..169
79. Valnøtt Maple Sorbet..171
ALKOHOLSORBETER..173
80. Bellini Sorbet...174
81. Jordbær Champagne Sorbet..176
82. Applejack Sorbet en Casis...178
83. Hibiscus-Sangria-sorbet..180
84. Champagne cocktailsorbet...183
85. Sorbets regnbue...185
86. Lime Daiquiri sorbet...187
87. Calvados sorbet...189
GRØNNSAKE SORBETER..191
88. Bete Borscht Sorbet...192
89. Tomat- og basilikumsorbet...194
90. Agurk-Lime Sorbet Med Serrano Chile..................................196
91. Rød bønnepastasorbet...198

92. Mais og kakaosorbet..200
93. Agurk mynte sorbet...202
94. Stekt rød pepper sorbet...204
95. Bete og appelsinsorbet..206
SUPPE SORBETER...208
96. Gazpacho sorbet..209
97. Kyllingsuppe og dillsorbet...211
98. Gulrot ingefær sorbet...213
99. Mushroom Consommé Sorbet..................................215
100. Vannmelon Agurk Sorbet......................................217
KONKLUSJON..219

INTRODUKSJON

Velkommen til "Sorbet: Forfriskende oppskrifter for uimotståelige frosne herligheter." I denne kokeboken inviterer vi deg med på en reise med levende og pirrende smaker som vil transportere deg til en verden av iskald overbærenhet. Sorbeter, med sine saftige fruktprofiler, kremete teksturer og forfriskende kvaliteter, er den perfekte godbiten for varme sommerdager eller når du har lyst på en herlig frossen dessert. Enten du er en erfaren sorbetentusiast eller en nybegynner i verden av hjemmelagde frosne godbiter, vil denne kokeboken gi deg en samling enkle oppskrifter som vil heve ferdighetene dine til å lage sorbet og introdusere deg til spennende smakskombinasjoner. Gjør deg klar til å omfavne naturens sødme og begi deg ut på et kult og deilig eventyr med våre appetittvekkende sorbetoppskrifter.

BÆRSORBETER

1. Jordbærsorbet med Oreo -kjeks

INGREDIENSER:
- 2 bokser Jordbær i sirup
- 2 ts fersk sitronsaft
- 1 ts vaniljeessens
- 3 kopper Friske jordbær i kvarte
- 2 ts sukker
- 2 ss balsamicoeddik
- 4 Oreos, smuldret

BRUKSANVISNING:
a) Ha de hermetiske jordbærene, sitronsaften og vaniljeessensen i en blender eller foodprosessor og kjør til den er jevn, ca. 1 minutt.
b) Overfør blandingen til en iskremmaskin.
c) Behandle i henhold til produsentens anvisninger.
d) Legg de friske jordbærene i en middels bolle.
e) Dryss over sukker og bland dem grundig.
f) Tilsett balsamicoeddik og rør forsiktig. La stå i 15 minutter, rør av og til.
g) Hell jordbærsorbeten i boller. Fordel jordbær over sorbet.
h) Hell saften som er samlet i bollen over jordbærene, dryss Oreos over jordbærene og server.

2. Rød bringebærsorbet

INGREDIENSER:
- 5 halvlitere bringebær
- 1⅓ kopper sukker
- 1 kopp maissirup
- ½ kopp vodka

BRUKSANVISNING:
a) Prep Pureer bringebærene i en foodprosessor til de er jevne. Press gjennom en sil for å fjerne frøene.

b) Kok Kombiner bringebærpuréen, sukkeret og maissirupen i en 4-liters kjele og kok opp på middels høy varme, rør for å løse opp sukkeret. Fjern fra varmen, overfør til en middels bolle og la avkjøles.

c) Avkjøl Plasser sorbetbunnen i kjøleskapet og avkjøl i minst 2 timer.

d) Frys Fjern sorbetbunnen fra kjøleskapet og tilsett vodkaen. Fjern den frosne beholderen fra fryseren, sett sammen iskremmaskinen og slå den på. Hell sorbetbunnen i beholderen og sentrifuger bare til den er konsistensen av veldig mykt pisket krem.

e) Pakk sorbeten i en oppbevaringsbeholder. Trykk et ark med pergament direkte mot overflaten, og forsegl det med et lufttett lokk.

f) Frys i den kaldeste delen av fryseren til den er fast, minst 4 timer.

3. <u>Blandet bærsorbet</u>

INGREDIENSER:
- 3 kopper blandede bær
- 1 kopp sukker
- 2 kopper vann
- Saft av 1 lime
- ½ ts kosher salt

BRUKSANVISNING:

a) I en bolle blander du sammen alle bærene og sukkeret. La bærene maserere ved romtemperatur i 1 time til de slipper saften.

b) Overfør bærene og saften deres til en blender eller foodprosessor og tilsett vann, limejuice og salt. Puls til godt blandet. Overfør til en beholder, dekk til og avkjøl til den er kald, minst 2 timer, eller opptil over natten.

c) Frys og kjerne i en iskremmaskin i henhold til produsentens anvisninger. For en myk konsistens, server sorbeten med en gang; for en fastere konsistens, overfør den til en beholder, dekk den til og la den stivne i fryseren i 2 til 3 timer.

4. Jordbær- og kamillesorbet

INGREDIENSER:
- ¾ kopp vann
- ½ kopp honning
- 2 ss kamille te knopper
- 15 store jordbær, frosne
- ½ ts malt kardemomme
- 2 ts friske mynteblader

BRUKSANVISNING:

a) Kok opp vann og tilsett honning, kardemomme og kamille.

b) Fjern fra varmen etter 5 minutter og avkjøl til den er veldig kald.

c) Legg frosne jordbær i en foodprosessor og finhakk dem.

d) Tilsett avkjølt sirup og bland til det er veldig glatt.

e) Skje ut og oppbevar i en beholder i fryseren. Server med mynteblader.

5. Sorbet av jordbær, ananas og appelsin

INGREDIENSER:
- 1¼ pund jordbær, skrellet og delt i kvarte
- 1 kopp sukker
- 1 kopp ananas i terninger
- ½ kopp ferskpresset appelsinjuice
- Saft av 1 liten lime
- ½ ts kosher salt

BRUKSANVISNING:
a) I en bolle blander du sammen jordbær og sukker.
b) La bærene maserere ved romtemperatur til de slipper saften, ca. 30 minutter.
c) Kombiner jordbærene og juicen med ananas, appelsinjuice, limejuice og salt i en blender eller foodprosessor. Puré til glatt.
d) Hell blandingen i en bolle (hvis du foretrekker en perfekt jevn sorbet, hell blandingen gjennom en finmasket sil satt over bollen), dekk til og avkjøl til den er kald, minst 2 timer eller opptil over natten.
e) Frys og kjerne i en iskremmaskin i henhold til produsentens anvisninger.
f) For en myk konsistens, server sorbeten med en gang; for en fastere konsistens, overfør den til en beholder, dekk den til og la den stivne i fryseren i 2 til 3 timer.

6. Banan-jordbær sorbet

INGREDIENSER:
- 2 modne bananer
- 2 ss sitronsaft
- 1½ kopper frosne (usøtede) jordbær.
- ½ kopp eplejuice

BRUKSANVISNING:
a) Skjær bananene i kvart tomme skiver, belegg dem med sitronsaft, legg dem på et kakepapir og frys dem.
b) Etter at bananene er frosset, puréer du dem med de resterende ingrediensene i apparatet du velger.
c) Server umiddelbart i avkjølte kopper. Rester fryser ikke godt, men de er en fin smakstilsetning for hjemmelaget yoghurt.

7. Bringebærsorbet

INGREDIENSER:
- 4 gram granulert sukker
- 1 pund friske bringebær, tint hvis de er frosne
- 1 sitron

BRUKSANVISNING:
a) Ha sukkeret i en kjele og tilsett 150 ml/¼ halvliter vann. Varm forsiktig under omrøring til sukkeret har løst seg opp. Øk varmen og kok raskt i ca 5 minutter til blandingen ser sirupsaktig ut.
b) Fjern fra varmen og la avkjøle.
c) Ha i mellomtiden bringebærene i en foodprosessor eller blender og puré til de er jevne. Før blandingen gjennom en ikke-metallisk sikt for å fjerne frøene.
d) Press saften fra sitronen.
e) Ha sirupen i en stor mugge og rør inn bringebærpuré og sitronsaft.
f) Dekk til og avkjøl i ca 30 minutter eller til den er godt avkjølt.
g) Ha blandingen i iskremmaskinen og frys etter anvisning.

8. Tristar jordbærsorbet

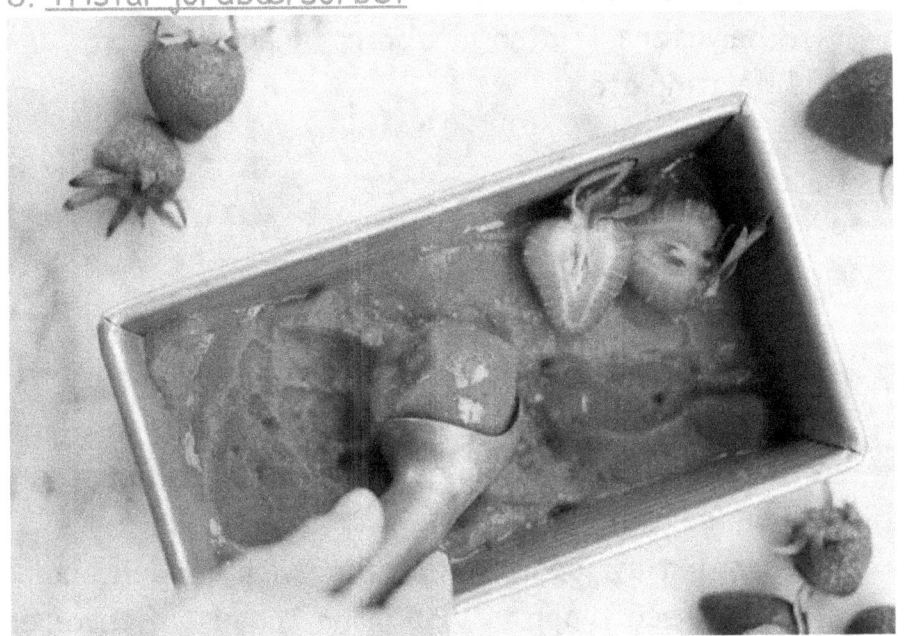

INGREDIENSER:
- 2 halvlitere Tristar jordbær, skrellet
- 1 gelatinplate
- 2 ss glukose
- 2 ss sukker
- $\frac{1}{8}$ teskje kosher salt
- $\frac{1}{8}$ teskje sitronsyre

BRUKSANVISNING:
a) Puree jordbærene i en blender. Sil pureen gjennom en finmasket sil over i en bolle for å sile ut kjernene.
b) Blom gelatinen.
c) Varm litt av jordbærpuréen og visp inn gelatinen for å løse seg opp. Visp inn den gjenværende jordbærpuréen, glukose, sukker, salt og sitronsyre til alt er helt oppløst og innlemmet.
d) Hell blandingen i iskremmaskinen din og frys i henhold til produsentens anvisninger. Sorbeten spinnes best rett før servering eller bruk, men den holder seg i en lufttett beholder i fryseren i opptil 2 uker.

EKSOTISKE SORBETER

9. Sorbete de Jamaica

INGREDIENSER:
- 2½ kopper tørkede Jamaica-blader
- 1 liter vann
- ½ unse fersk ingefær, finhakket 1 kopp sukker
- 1 ss ferskpresset limejuice
- 2 ss limoncello

BRUKSANVISNING:
a) Lag te. Legg Jamaica-bladene i en gryte eller bolle, kok opp vannet og hell det over bladene. Dekk til og la det trekke i 15 minutter. Sil teen og kast Jamaica-bladene.
b) Lag sorbetbunnen. Ha ingefæren i en blender, tilsett 1 kopp te og kjør til den er helt purert, 1-2 minutter. Tilsett ytterligere 1-½ kopper te og bland igjen.
c) Hell sorbetbunnen i en kjele, tilsett sukkeret og kok opp under omrøring for å løse opp sukkeret. Ta kjelen av varmen så snart sorbetbunnen koker. Rør inn limesaften og avkjøl. Avkjøl basen til den når 60°F.
d) Frys ned sorbeten. Legg limoncello til den avkjølte bunnen og hell den i en iskremmaskin. Frys i henhold til produsentens anvisninger til den er frossen, men fortsatt slury, 20-30 minutter.

10. Pasjonsfruktsorbet

INGREDIENSER:

- 1 ts pulverisert gelatin
- 2 sitroner
- 9 gram granulert sukker
- 8 pasjonsfrukter

BRUKSANVISNING:

a) Mål opp 2 ss vann i en liten bolle eller kopp, dryss gelatinen over og la stå i 5 minutter. Press saften fra sitronene.

b) Ha sukkeret i en kjele og tilsett 300 ml/½ halvliter vann. Varm forsiktig under omrøring til sukkeret har løst seg opp. Øk varmen og kok raskt i ca 5 minutter til blandingen ser sirupsaktig ut.

c) Ta av varmen, tilsett sitronsaft og rør inn gelatinen til den har løst seg opp.

d) Halver pasjonsfruktene og øs ut frøene og fruktkjøttet i sirupen med en liten skje. La avkjøle.

e) Dekk til og avkjøl i minst 30 minutter eller til den er godt avkjølt.

f) Før den avkjølte sirupen gjennom en ikke-metallisk sil for å fjerne frøene.

g) Ha blandingen i iskremmaskinen og frys etter anvisning.

h) Overfør til en passende beholder og frys til nødvendig.

11. Kiwi sorbet

INGREDIENSER:
- 8 kiwifrukter
- 1⅓ kopper enkel sirup
- 4 ts fersk sitronsaft

BRUKSANVISNING:

a) Skrell kiwiene. Puré i en foodprosessor. Du bør ha ca 2 kopper puré.
b) Rør inn den enkle sirupen og sitronsaften.
c) Hell blandingen i bollen til iskremmaskinen og frys. Vennligst følg produsentens bruksanvisning.

12. Kvedesorbet

INGREDIENSER:
- 1½ pund modne kveder (ca. 4 små til mellomstore)
- 6 kopper vann
- 1 (3-tommers) bit meksikansk kanel
- ¾ kopp sukker
- Saft av ½ sitron
- Klype kosher salt

BRUKSANVISNING:
a) Skrell, kvart og kjerne kjernen.
b) Ha bitene i en kjele og tilsett vann, kanel og sukker.
c) Kok uten lokk over middels varme, rør av og til, til kveden er veldig mør, ca. 30 minutter, og pass på at blandingen alltid koker og aldri koker.
d) Fjern fra varmen, dekk til og la avkjøles i 2 til 3 timer; fargen vil mørkere i løpet av denne tiden.
e) Fjern og kast kanelen. Overfør kvedeblandingen til en blender, tilsett sitronsaft og salt, og puré til en jevn masse.
f) Hell blandingen gjennom en finmasket sil satt over en bolle. Dekk til og avkjøl til det er kaldt, minst 2 timer, eller opptil over natten.
g) Frys og kjerne i en iskremmaskin i henhold til produsentens anvisninger.
h) For en myk konsistens, server sorbeten med en gang; for en fastere konsistens, overfør den til en beholder, dekk den til og la den stivne i fryseren i 2 til 3 timer

13. Guava sorbet

INGREDIENSER:

- 1 gelatinplate
- 325 g guava nektar [$1\frac{1}{4}$ kopper]
- 100 g glukose [$\frac{1}{4}$ kopp]
- 0,25 g limejuice [$\frac{1}{8}$ teskje]
- 1 g kosher salt [$\frac{1}{4}$ teskje]

BRUKSANVISNING:

a) Bloom gelatinen.

b) Varm litt av guava-nektaren og visp inn gelatinen for å løse seg opp. Visp inn gjenværende guava-nektar, glukose, limejuice og salt til alt er helt oppløst og innlemmet.

c) Hell blandingen i iskremmaskinen din og frys i henhold til produsentens anvisninger. Sorbeten spinnes best rett før servering eller bruk, men den holder seg i en lufttett beholder i fryseren i opptil 2 uker.

14. Granateple ingefær sorbet

INGREDIENSER:

- 1 kopp granulert sukker
- ½ kopp vann
- 1 ss grovhakket fersk ingefær
- 2 kopper 100% granateplejuice
- ¼ kopp St. Germain likør valgfritt

GARNITYR:

- frisk granateple arils valgfritt

BRUKSANVISNING:

a) Bland sukker, vann og ingefær i en liten kjele. Kok opp, reduser varmen og la det småkoke, og visp av og til til sukkeret er helt oppløst. Overfør til en beholder, dekk til og la den avkjøles helt i kjøleskapet. Dette vil ta minst 20 til 30 minutter, eller lenger.

b) Når den enkle sirupen er avkjølt, sil sirupen gjennom en finmasket sil satt over en stor miksebolle. Kast ingefærbitene. Tilsett granateplejuice og St. Germain-likør i bollen med sirupen. Pisk godt sammen.

c) Kjerne blandingen i en iskremmaskin i henhold til produsentens anvisninger. Sorbeten er klar når den ligner konsistensen til en tykk slushy.

d) Overfør sorbeten til en lufttett beholder, dekk overflaten med plastfolie og frys i ytterligere 4 til 6 timer, eller helst over natten. Server og pynt med fersk granateple.

15. Tropisk fruktsorbet

INGREDIENSER:
- 8 gram hakket blandet frukt, som mango, papaya og ananas
- 5½ gram melis
- 1 ss limejuice

BRUKSANVISNING:
a) Ha frukten i en kjøkkenmaskin eller blender. Tilsett sukker, limejuice og 7 gram vann. Puré til glatt.
b) Overfør til en kanne, dekk til og avkjøl i ca 30 minutter eller til den er godt avkjølt.
c) Ha blandingen i iskremmaskinen og frys etter anvisning.
d) Overfør til en passende beholder og frys til nødvendig.

16. Açaí Sorbet

INGREDIENSER:

- 2 kopper friske blåbær
- en lime
- 14 gram frossen ren usøtet Açaí bærpuré
- ½ kopp sukker
- ⅔ kopp vann

BRUKSANVISNING:

a) Slå på komfyren på middels og kok opp vannet i en liten kjele. Når det koker, hell sukkeret i og rør det for å oppløses helt.

b) Når sukkeret er oppløst, ta kasserollen av komfyren og rør inn litt limeskall. La dette stå til siden og avkjøles mens du jobber med de andre delene av sorbeten.

c) Ta frem blenderen og ha i Açaí-bærmassen, blåbærene og 2 ss limejuice. Trykk på "blend"-knappen og puré denne blandingen til den er fin og jevn.

d) Tilsett nå sukker og limevann i blenderen og trykk "blend" igjen.

e) Nå som blandingen er perfekt blandet, åpne iskremmaskinen og hell den i bollen. La det surre i ca 30 minutter eller til sorbeten er tyknet.

f) Overfør sorbeten til en beholder og sett den i fryseren. Det bør ta minst 2 timer før det blir fast. På det tidspunktet kan du unne deg litt sorbet!

17. Tropisk Margarita Sorbet

INGREDIENSER:
- 1 kopp sukker
- 1 kopp pasjonsfruktpuré
- 1½ pounds moden mango, skrellet, uthulet og kuttet i terninger
- Revet skall av 2 lime
- 2 ss Blanco (hvit) tequila
- 1 ss appelsinlikør
- 1 ss lett maissirup
- ½ ts kosher salt

BRUKSANVISNING:
a) Kombiner sukker og pasjonsfruktpuré i en liten kjele.
b) La det småkoke på middels varme, rør for å løse opp
c) sukker. Fjern fra varmen og la avkjøles.
d) I en blender kombinerer du pasjonsfruktblandingen, terninger av mango, limeskall, tequila, appelsinlikør, maissirup og salt. Puré til glatt. Hell blandingen i en bolle, dekk til og avkjøl til den er kald, minst 4 timer eller opptil over natten.
e) Frys og kjerne i en iskremmaskin i henhold til produsentens anvisninger. For en myk konsistens (den beste, etter min mening), server sorbeten med en gang; for en fastere konsistens, overfør den til en beholder, dekk den til og la den stivne i fryseren i 2 til 3 timer.

18. Litchi Rose Sorbet

INGREDIENSER:

- 2 kopper hermetisk litchi-frukt, drenert
- ½ kopp sukker
- ¼ kopp vann
- 2 ss rosevann
- Saft av 1 lime

BRUKSANVISNING:

a) Kombiner litchifrukten, sukker, vann, rosevann og limejuice i en blender eller foodprosessor. Bland til jevn.
b) Hell blandingen i en iskremmaskin og kjerne i henhold til produsentens anvisninger.
c) Når den er kjernet, overfør sorbeten til en beholder med lokk og frys den i noen timer for å stivne.
d) Server litchirosesorbeten i avkjølte boller eller glass for en delikat og floral dessert.

19. Papaya Lime Sorbet

INGREDIENSER:

- 2 kopper moden papaya, skrelt og i terninger
- ½ kopp sukker
- ¼ kopp vann
- Saft av 2 lime
- Limeskall til pynt (valgfritt)

BRUKSANVISNING:

a) Kombiner papaya i terninger, sukker, vann og limejuice i en blender eller foodprosessor. Bland til jevn.
b) Hell blandingen i en iskremmaskin og kjerne i henhold til produsentens anvisninger.
c) Når den er kjernet, overfør sorbeten til en beholder med lokk og frys den i noen timer for å stivne.
d) Server papayalimesorbeten i avkjølte boller eller glass.
e) Pynt med limeskall, om ønskelig, for en forfriskende og syrlig dessert.

20. Guava pasjonsfruktsorbet

INGREDIENSER:

- 2 kopper guavamasse (fersk eller frossen)
- ½ kopp pasjonsfruktkjøtt (fersk eller frossen)
- ½ kopp sukker
- Saft av 1 lime

BRUKSANVISNING:

a) Kombiner guavamassen, pasjonsfruktmassen, sukker og limejuice i en blender eller foodprosessor. Bland til jevn.

b) Hell blandingen i en iskremmaskin og kjerne i henhold til produsentens anvisninger.

c) Når den er kjernet, overfør sorbeten til en beholder med lokk og frys den i noen timer for å stivne.

d) Server guava pasjonsfruktsorbet i kjølte boller eller glass for en søt og syrlig tropisk dessert.

FRUKT SORBETER

21. Steinfruktsorbet

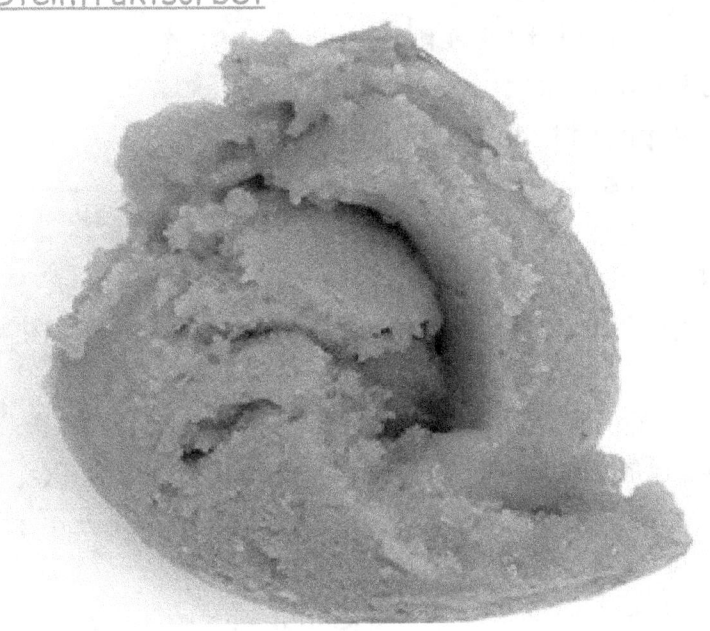

INGREDIENSER:
- 2 pund steinfrukter, uthulet
- ⅔ kopp sukker
- ⅓ kopp lett maissirup
- ¼ kopp steinfruktvodka

BRUKSANVISNING:

a) Prep Pureer frukten i en foodprosessor til den er jevn.

b) Kok Kombiner den purerte frukten, sukkeret og maissirupen i en 4-liters kjele og la det småkoke, rør for å løse opp sukkeret. Fjern fra varmen, overfør til en middels bolle og la avkjøles.

c) Avkjøl Sil blandingen gjennom en sil over i en annen bolle. Sett i kjøleskapet og avkjøl i minst 2 timer.

d) Frys Fjern sorbetbunnen fra kjøleskapet og rør inn vodkaen. Fjern den frosne beholderen fra fryseren, sett sammen iskremmaskinen og slå den på. Hell sorbetbunnen i beholderen og sentrifuger bare til den er konsistensen av veldig mykt pisket krem.

e) Pakk sorbeten i en oppbevaringsbeholder. Trykk et ark med pergament direkte mot overflaten og forsegl det med et lufttett lokk. Frys i den kaldeste delen av fryseren til den er fast, minst 4 timer.

22. Lady of the Lake

INGREDIENSER:
- ¼ kopp vodka eller gin
- 2 ss Sweet Cream Ice Cream
- 4-unse skje med steinfruktsorbet
- 1 cocktailsverd

BRUKSANVISNING:

a) Rist vodkaen og iskremen i en shaker til isen akkurat er smeltet og innlemmet.
b) Legg en skje med sorbet i et avkjølt glass.
c) Hell vodkaen rundt og server.

23. Avokadosorbet

INGREDIENSER:
- 1 ½ kopper
- 4 kopper mandelmelk, usøtet
- 4 modne avokadoer, skrellet, uthulet og kuttet
- 2 ts mangoekstrakt
- 1 ts havsalt, fint
- 4 ss limejuice

BRUKSANVISNING:

a) Bland alle ingrediensene i en blender til de er helt glatte.

b) Fyll iskremmaskinen halvveis med blandingen og bearbeid i henhold til produsentens anvisninger.

24. Mango sorbet

INGREDIENSER:

- saft av 1 sitron
- saft av ½ appelsin
- ½ kopp superfint sukker
- 2 store modne mangoer
- 1 stor eggehvite, pisket

BRUKSANVISNING:

a) Bland fruktjuicen med sukkeret. Skrell og del mangoene, reduser deretter kjøttet til en puré i en blender. Ha over i en stor bolle og rør inn fruktjuicen. Vend inn den piskede eggehviten.

b) Hell i en iskremmaskin og bearbeid i henhold til produsentens anvisninger, eller hell i en fryseboks og frys ned ved å bruke håndmiksemetoden.

c) Når sorbeten er fast, frys den ned i en fryseboks i 15 minutter eller til den skal serveres. Ta den om nødvendig ut av fryseren i 5 til 10 minutter før servering for å mykne. Server for seg selv eller med noen mangoskiver og litt bringebærsaus.

d) Denne sorbeten spises best fersk, men den kan fryses i opptil 1 måned.

25. Spicy Tamarind Candy Sorbet

INGREDIENSER:
- 2 gram tamarindbelger
- 1 kopp vann, pluss mer om nødvendig
- 1 kopp sukker
- 1 ts kosher salt
- 2 til 3 ts malt piquín eller árbol chile
- 3 gram mykt tamarindgodteri, revet i biter
- Chamoy (valgfritt), å helle på toppen

BRUKSANVISNING:
a) Skrell av skallet av tamarindbelgene og kast dem sammen med trevlete biter. Ha tamarindmassen og vannet i en middels kjele på middels varme og kok opp. Skru ned varmen og la det småkoke under omrøring fra tid til annen til tamarinden er mør, ca 30 minutter. La det avkjøles.

b) Sil blandingen gjennom en finmasket sil satt over en bolle, og spar både fruktkjøttet og væsken. Mål væsken, tilsett mer vann for å lage $3\frac{1}{2}$ kopper. Ha væsken tilbake i kasserollen, tilsett sukkeret og kok under kontinuerlig omrøring til sukkeret er oppløst.

c) Press tamarindmassen gjennom silen (det blir rotete ved å bruke hendene, men det er den beste måten) og legg i kasserollen. Rør inn saltet og 1 ts chili, smak til og tilsett mer til blandingen har nok varme, husk at krydret vil avta litt når sorbeten er frosset. Dekk til og avkjøl til det er kaldt i minst 4 timer eller opptil over natten.

d) Frys og kjerne i en iskremmaskin i henhold til produsentens anvisninger. Når det er delvis frosset, tilsett godteriet, og fortsett bearbeidingen til det er frosset. Overfør til en beholder, dekk til og la stivne i fryseren i 2 til 3 timer. Server toppet med chamoy om ønskelig.

26. Tranebær- eplesorbet

INGREDIENSER:
- 2 Golden Delicious epler,
- skrelt,
- Kjernet, og grovhakket
- 2 kopper tranebærjuice

BRUKSANVISNING:
e) Kombiner epler og juice i en middels stor kjele. Varm opp til koking.
f) Reduser varmen til å småkoke, dekk til og kok i 20 minutter eller til eplene er veldig myke.
g) Avdekk og sett til side for å avkjøle til romtemperatur.
h) Puré eple og juice i en foodprosessor eller blender til en jevn masse.
i) Hell i iskremmaskin og bearbeid til sorbet etter produsentens anvisninger. (gå til 9.) ELLER 6. Hvis du ikke bruker en iskremmaskin, hell pureen i en 9" firkantet panne. Dekk til og frys til den er delvis frossen - ca. 2 timer.
j) Avkjøl i mellomtiden en stor bolle og vispene i en elektrisk mikser.
k) Plasser puré i en avkjølt bolle og pisk på lav hastighet til bitene er brutt opp, og pisk deretter på høy hastighet til den er jevn og luftig - ca. 1 minutt.
l) Pakk sorbet i en fryseboks og frys ned i flere timer før servering.

27. Vannmelon sorbet

INGREDIENSER:

- 1 ½ pund vannmelon, veid uten frø eller skinn
- 1 ¼ kopper granulert sukker
- 2 kanelstenger
- 2 ss korianderfrø, knust
- 3 ss sitronsaft

BRUKSANVISNING:

a) Reduser vannmelonkjøttet til en puré.

b) I en tykkbasert kasserolle løser du opp sukker i 2 kopper vann. Tilsett kanelstenger og korianderfrø og kok i 5 minutter. Dekk til og la trekke til det er kaldt.

c) Sil sirupen inn i vannmelonpuréen og rør inn sitronsaft. Hell blandingen i en beholder. Dekk til og frys til den er fast, pisk 3 ganger med 45-minutters intervaller.

d) Omtrent 30 minutter før servering, overfør sorbeten til kjøleskapet.

28. Kaktuspadlesorbet med ananas og lime

INGREDIENSER:
- ¾ pund kaktuspadler (nopales), renset
- 1½ kopper grovt havsalt
- ¼ kopp ferskpresset limejuice
- 1½ kopper ananas i terninger (ca. ½ ananas)
- 1 kopp sukker
- ¾ kopp vann
- 2 ss honning

BRUKSANVISNING:
a) Skjær de rensede kaktusårene i omtrent 1-tommers firkanter. I en bolle, sleng kaktusen med saltet.
b) Sett til side ved romtemperatur i 1 time; saltet vil trekke ut det naturlige slimet fra kaktusen.
c) Overfør kaktusen til et dørslag og skyll under kaldt rennende vann for å fjerne alt salt og slim. Tøm godt.
d) Puré kaktus, limejuice, ananas, sukker, vann og honning i en blender til den er jevn.
e) Hell blandingen i en bolle, dekk til og avkjøl til den er kald, minst 2 timer eller opptil 5 timer.
f) Frys og kjerne i en iskremmaskin i henhold til produsentens anvisninger.
g) For en myk konsistens, server sorbeten med en gang; for en fastere konsistens, overfør den til en beholder, dekk den til og la den stivne i fryseren i 2 til 3 timer.

29. Avokado-pasjonsfruktsorbet

INGREDIENSER:
- 2 kopper fersk eller tint frossen pasjonsfruktpuré
- ¾ kopp pluss 2 ss sukker
- 2 små modne avokadoer
- ½ ts kosher salt
- 1 ss ferskpresset limejuice

BRUKSANVISNING:
a) Kombiner pasjonsfruktpureen og sukker i en liten kjele.
b) Kok over middels høy varme under omrøring til sukkeret er oppløst.
c) Fjern fra varmen og la avkjøles til romtemperatur.
d) Skjær avokadoene i to på langs. Fjern gropene og øs kjøttet i en blender eller foodprosessor.
e) Tilsett den avkjølte pasjonsfruktblandingen og saltet og bearbeid til den er jevn, skrap ned sidene av blenderglasset eller bollen etter behov.
f) Tilsett limejuice og bearbeid bare til det er blandet. Hell blandingen i en bolle, dekk til og avkjøl til den er kald, ca 2 timer.
g) Frys og kjerne i en iskremmaskin i henhold til produsentens anvisninger.
h) For en myk konsistens, server sorbeten med en gang; For en fastere konsistens, overfør den til en beholder, dekk den til og la den stivne i fryseren i 2 til 3 timer.

30. Soursop sorbet

INGREDIENSER:
- 3 kopper fersk soursop-masse (fra 1 stor eller 2 små frukter)
- 1 kopp sukker
- ⅔ kopp vann
- 1 ss ferskpresset limejuice
- Klype kosher salt

BRUKSANVISNING:
a) Bruk en stor kniv til å skjære soursopen i to på langs. Bruk en skje, øs ut kjøttet og frøene i et målebeger; du trenger totalt 3 kopper. Kast huden.
b) I en bolle, kombiner soursop og sukker og bland med en tresleiv, bryte opp frukten så mye som mulig. Rør inn vann, limejuice og salt.
c) Dekk til og avkjøl til det er kaldt, minst 2 timer, eller opptil over natten.
d) Frys og kjerne i en iskremmaskin i henhold til produsentens anvisninger.
e) For en myk konsistens, server sorbeten med en gang; For en fastere konsistens, overfør den til en beholder, dekk den til og la den stivne i fryseren i 2 til 3 timer.

31. Frisk ananassorbet

INGREDIENSER:

- 1 liten moden Hawaiiananas
- 1 kopp enkel sirup
- 2 ss fersk sitronsaft

BRUKSANVISNING:

a) Skrell, kjerne løs og del ananasen i terninger.
b) Ha terningene i en foodprosessor og bearbeid til de er veldig glatte og skummende.
c) Rør inn den enkle sirupen og sitronsaften.
d) Smak til og tilsett mer sirup eller juice om nødvendig.
e) Hell blandingen i bollen til iskremmaskinen og frys.
f) Vennligst følg produsentens bruksanvisning.

32. Hvit ferskensorbet

INGREDIENSER:
- 5 modne hvite fersken
- 1 gelatinplate
- $\frac{1}{4}$ kopp glukose
- $\frac{1}{2}$ ts kosher salt
- $\frac{1}{8}$ teskje sitronsyre

BRUKSANVISNING:
a) Del ferskenene i to og pit dem. Ha dem i en blender og puré til de er jevne og homogene, 1 til 3 minutter.
b) Før pureen gjennom en finmasket sil over i en middels bolle.
c) Bruk en øse eller skje til å trykke på bunnfallet av puréen for å trekke ut så mye juice som mulig; du bør bare kaste noen få skjeer med faste stoffer.
d) Blom gelatinen.
e) Varm litt av ferskenpuréen og visp inn gelatinen for å løse seg opp. Visp inn gjenværende ferskenpuré, glukose, salt og sitronsyre til alt er helt oppløst og innlemmet.
f) Hell blandingen i iskremmaskinen din og frys i henhold til produsentens anvisninger.
g) Sorbeten spinnes best rett før servering eller bruk, men den holder seg i en lufttett beholder i fryseren i opptil 2 uker.

33. Pæresorbet

INGREDIENSER:

- 1 gelatinplate
- 2⅓ kopper pærepuré
- 2 ss glukose
- 1 ss hylleblomsthjerte
- ⅛ teskje kosher salt
- ⅛ teskje sitronsyre

BRUKSANVISNING:

a) Bloom gelatinen.

b) Varm litt av pæremosen og visp inn gelatinen for å løse seg opp. Visp inn resten av pærepuréen, glukose, hylleblomst, salt og sitronsyre til alt er helt oppløst og innlemmet.

c) Hell blandingen i iskremmaskinen din og frys i henhold til produsentens anvisninger. Sorbeten spinnes best rett før servering eller bruk, men den holder seg i en lufttett beholder i fryseren i opptil 2 uker.

34. Concord druesorbet

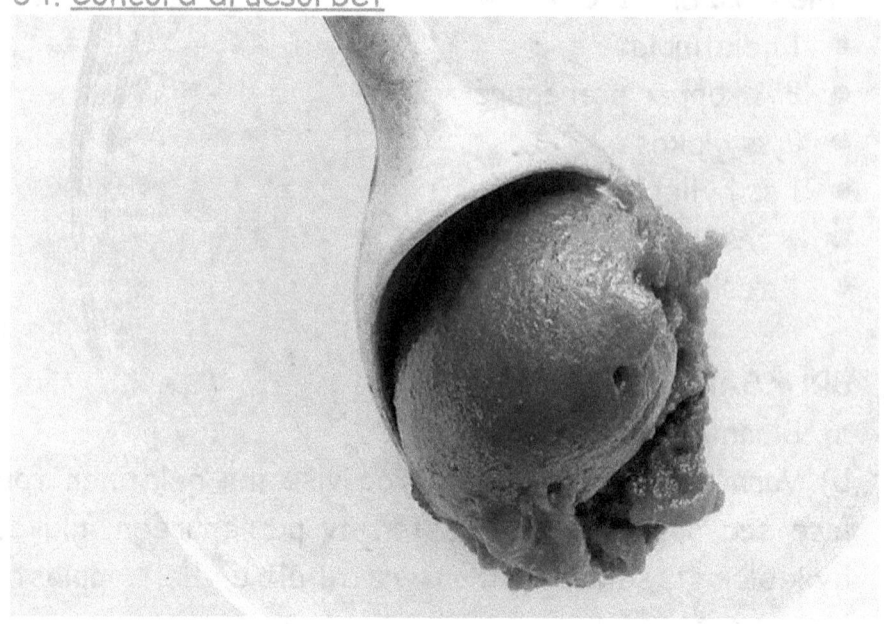

INGREDIENSER:

- 1 gelatinplate
- ½ porsjon Concord druejuice
- 200 g glukose [½ kopp]
- 2 g sitronsyre [½ teskje]
- 1 g kosher salt [¼ teskje]

BRUKSANVISNING:

a) Blom gelatinen.

b) Varm opp litt av druesaften og visp inn gelatinen for å løse seg opp. Visp inn gjenværende druesaft, glukose, sitronsyre og salt til alt er helt oppløst og innlemmet.

c) Hell blandingen i iskremmaskinen din og frys i henhold til produsentens anvisninger. Sorbeten spinnes best rett før servering eller bruk, men den holder seg i en lufttett beholder i fryseren i opptil 2 uker.

35. Deviled Mango Sorbet

INGREDIENSER:

- ⅓ kopp vann
- 1 kopp sukker
- 2 piquín chili
- 5¾ kopper pounds moden mango, skrellet, uthulet og kuttet
- Saft av 1 lime
- ¾ teskje kosher salt
- 1 ts malt piquín chile eller cayennepepper

BRUKSANVISNING:

a) Bland vann og sukker i en liten kjele. La det småkoke på middels varme, rør for å løse opp sukkeret. Ta av varmen, rør inn hele chilien og la den avkjøles i 1 time.

b) Fjern og kast chilien fra sukkersirupen. I en blender blander du sukkersirupen og terninger av mango og puréer til en jevn masse. Tilsett limejuice, salt og malt chili og bland for å kombinere.

c) Smak på pureen og bland om ønskelig i ekstra malt chili, husk at når den først er frosset vil sorbeten smake litt mindre krydret.

d) Hell blandingen gjennom en finmasket sil satt over en bolle. Dekk til og avkjøl til det er kaldt, minst 4 timer, eller opptil over natten.

e) Frys og kjerne i en iskremmaskin i henhold til produsentens anvisninger.

f) For en myk konsistens, server sorbeten med en gang; for en fastere konsistens, overfør den til en beholder, dekk den til og la den stivne i fryseren i 2 til 3 timer.

36. Aprikossorbet

INGREDIENSER:

- ¾ pund meget modne aprikoser skrelt og pitlet
- Saft av 1 stor sitron
- ½ kopp granulert sukker

BRUKSANVISNING:

a) Puré aprikosene i en bolle. Tilsett sitronsaften og pisk inn sukkeret med en stålvisp.

b) Hell i en beholder, dekk til og frys til den er fast, pisk 3 ganger med 45-minutters intervaller.

c) Omtrent 30 minutter før servering, overfør sorbeten til kjøleskapet.

37. Bing kirsebærsorbet

INGREDIENSER:
- 2 bokser pitted mørke søte Bing kirsebær
- 4 ss fersk sitronsaft
- Frys en uåpnet boks med kirsebær til den er fast, ca. 18 timer.

BRUKSANVISNING:
a) Senk boksen i varmt vann i 1 til 2 minutter.
b) Åpne og hell sirupen i en kjøkkenmaskinbolle.
c) Legg frukt på en skjæreflate og skjær i biter.
d) Legg i bollen og puré til den er jevn.
e) Tilsett sitronsaft og bearbeid til det er blandet grundig.
f) Dekk til og frys til servering, opptil 8 timer.

38. Cantaloupe sorbet

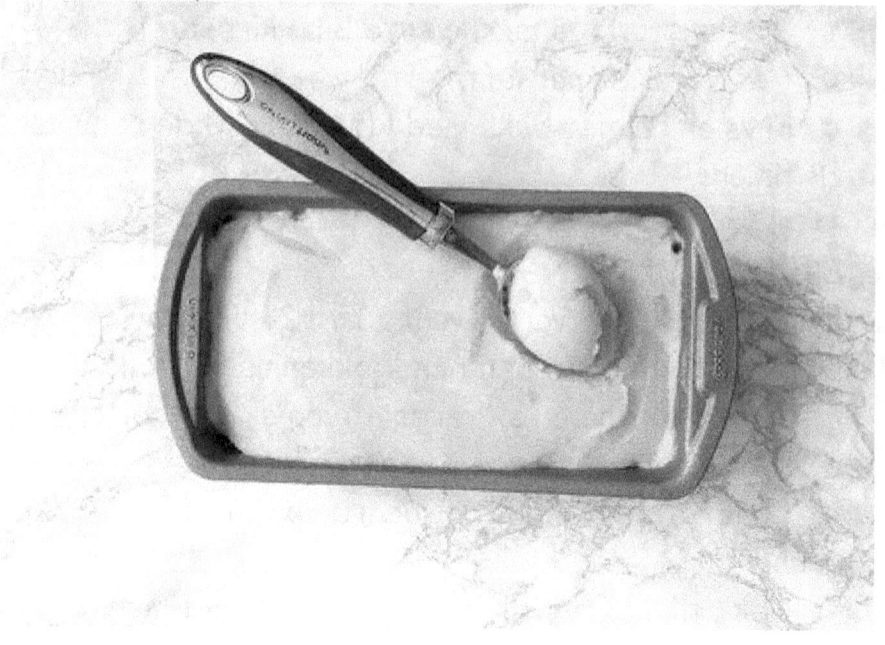

INGREDIENSER:
- 1 medium cantaloupe eller annen melon, med frø
- 1 kopp enkel sirup (oppskriften følger)
- 2 ss fersk sitronsaft
- friske bær til pynt

BRUKSANVISNING:

a) Kutt den modne cantaloupen i biter og puré dem i en foodprosessor for å måle ca 3 kopper.

b) Rør inn sirup og sitronsaft. Smak nøye.

c) Hvis melonen ikke er helt moden, kan det være lurt å tilsette litt mer sirup.

d) Dekk til og frys fruktpuréen i isbitbrett [vi trengte 2,5 brett].

e) Når den er frossen, legg flere terninger om gangen i en foodprosessor og puré til den er jevn.

f) Bearbeid så mange kuber du vil og nyt!

39. Kirsebær sorbet

INGREDIENSER:

- Tre 16-unse bokser med pitted Bing kirsebær i kraftig sirup
- 2 kopper enkel sirup
- $\frac{1}{4}$ kopp fersk sitronsaft
- $\frac{1}{4}$ kopp vann

BRUKSANVISNING:

a) Tøm kirsebærene, ta vare på 2 ss sirup. Legg kirsebærene gjennom en matmølle.

b) Rør inn kirsebærsirup, enkel sirup, sitronsaft og vann.

c) Hell blandingen i bollen til iskremmaskinen og frys. Vennligst følg produsentens bruksanvisning.

40. Tranebærjuicesorbet

INGREDIENSER:

- 3 kopper pluss 6 ss hermetisert eller flaske tranebærjuice
- $\frac{1}{2}$ kopp pluss 1 spiseskje enkel sirup

BRUKSANVISNING:

a) Bland tranebærjuice og enkel sirup.
b) Hell blandingen i bollen til iskremmaskinen og frys. Vennligst følg produsentens bruksanvisning.

41. Honningduggsorbet

INGREDIENSER:

- 1 stor moden honningmelon
- ½ kopp sukker sirup
- 6 ss fersk limejuice
- 6 tynne limeskiver til pynt
- 6 kvister fersk mynte til pynt

SIRUP:

- ½ kopp vann
- 1 kopp sukker

BRUKSANVISNING:

a) For sirup, bland vann og sukker i en panne. Rør over middels varme til sukkeret er oppløst.

b) Øk varmen og kok opp. Kok uten å røre i 5 minutter.

c) Avkjøl sirupen og dekk deretter til og avkjøl til den skal brukes.

d) Skrell, frø og hakk melon. Puré i en foodprosessor (ca. 4 kopper.) Bland puré, sukkersirup og limejuice i en bolle.

e) Frys i iskremmaskinen etter anvisning. Frys deretter i fryseren i 2-3 timer for å stivne.

f) Pynt med limeskive og mynte.

42. Marcel Desaulniers banansorbet

Gir 1 ¾ liter

INGREDIENSER:

- 2 kopper vann
- 1 ½ kopper granulert sukker
- 3 pund bananer, skrellet
- 2 ss fersk sitronsaft

BRUKSANVISNING:

a) Varm opp vann og sukker i en stor kjele på middels høy varme.

b) Visp for å løse opp sukkeret. Kok opp blandingen og la den koke til den er litt tykkere og redusert til 2 ¼ kopper, ca. 15 minutter.

c) Mens sukkeret og vannet reduseres til en sirup, skrell bananene.

d) Knus dem til en grov konsistens i en bolle av rustfritt stål med en hullsleiv (utbyttet skal være ca. 3 kopper). Hell den kokende sirupen over de moste bananene.

e) Avkjøl i et isvannbad til en temperatur på 40 til 45 °F, i omtrent 15 minutter.

f) Når den er kald, tilsett sitronsaften. Frys i en iskremfryser etter produsentens anvisninger.

g) Overfør den halvfrosne sorbeten til en plastbeholder, dekk beholderen godt til, og legg den deretter i fryseren i flere timer før servering.

h) Server innen 3 dager.

43. Fersken-, aprikos- eller pæresorbet

INGREDIENSER:

- 2 (15 unse) bokser ferskenhalvdeler, aprikoser eller
- pærehalvdeler i kraftig sirup
- 1 ss pæresnaps eller amaretto (valgfritt)

BRUKSANVISNING:

a) Frys uåpnede bokser med frukt i 24 timer.

b) Fjern bokser fra fryseren; senk dem i varmt vann i 1 minutt.

c) Åpne bokser; hell forsiktig eventuell smeltet sirup i blender eller foodprosessor; fjern frukt fra boks; kuttet i biter.

d) Legg til blender. Bearbeid til glatt.

e) Tilsett likør; prosess til kombinert. Overfør til en beholder. Dekke; frys til den skal serveres.

44. Sorbet de Poire

INGREDIENSER:
- Hermetiserte eller ferske pærer
- Sitronsaft
- 1 ¾ kopper granulert sukker
- 1 kopp vann
- 2 eggehviter

BRUKSANVISNING:
a) Bland nok hermetiske eller ferske pærer, posjert med saften av 1 sitron i 10 minutter, for å lage 2 kopper puré.
b) Bland sukker og vann, og kok i 5 minutter. Bland med puré og avkjøl helt.
c) Pisk eggehvitene stive og vend inn i pæreblandingen sammen med saften av 1 sitron (hvis det trengs mer sitron).
d) Frys i et mekanisk frysebrett, rør om nødvendig.

45. Eplesorbet uten sukker

INGREDIENSER:

- 3 kopper usøtet eplejuice
- En 6-unse boks med usøtet konsentrert eplejuice
- 3 ss fersk sitronsaft

BRUKSANVISNING:

a) Ha eplejuicekonsentrat og sitronsaft i bollen på maskinen og frys.

SITRUS SORBETER

46. Grapefruktsorbet

INGREDIENSER:

- 4 grapefrukter
- 3 ss fersk sitronsaft
- ½ kopp lett maissirup
- ⅔ kopp sukker
- Valgfrie aromater: Noen få kvister estragon, basilikum eller lavendel; eller ½ halv vaniljestang splitt; frø fjernet
- ¼ kopp vodka

BRUKSANVISNING:

a) Forberedelse Fjern 3 strimler med skall fra 1 grapefrukt med en skreller. Skjær alle grapefruktene i to og press 3 kopper juice fra dem.

b) Kok Kombiner grapefruktjuice, skall, sitronsaft, maissirup og sukker i en 4-liters kjele og kok opp, rør for å løse opp sukkeret. Overfør til en middels bolle, tilsett aromatene, hvis du bruker, og la avkjøles.

c) Avkjøl Fjern grapefruktskallet. Sett sorbetbunnen i kjøleskapet og avkjøl i minst 2 timer.

d) Frys Fjern sorbetbunnen fra kjøleskapet og sil ut eventuelle aromater. Tilsett vodkaen. Fjern den frosne beholderen fra fryseren, sett sammen iskremmaskinen og slå den på. Hell sorbetbunnen i beholderen og sentrifuger bare til den er konsistensen av veldig mykt pisket krem.

e) Pakk sorbeten i en oppbevaringsbeholder. Trykk et ark med pergament direkte mot overflaten og forsegl det med et lufttett lokk. Frys i den kaldeste delen av fryseren til den er fast, minst 4 timer.

47. Yuzu sitrussorbet

INGREDIENSER:

- 1 sitron
- 1 yuzu sitrus
- 6 ss sukker
- Skrell fra ¼ yuzu sitrus
- 250 ml vann

BRUKSANVISNING:

a) Del sitronen og yuzu-sitrusen i to, og saft begge deler.

b) Kombiner sitronsaft, yuzu sitrusjuice og sukker i en gryte, og varm opp.

c) Tilsett 150 ml vann og rør for å løse opp sukkeret.

d) Overfør blandingen fra gryten til en beholder, og tilsett deretter 100 ml vann for å avkjøle den.

e) Når den er avkjølt, sett i fryseren i ca 3 timer for å stivne.

f) Når blandingen har frosset og stivnet, overfør til en foodprosessor og bearbeid.

g) Overfør blandingen til en beholder og plasser i fryseren igjen i ca. 1 time, fjern deretter, rør kort og overfør til serveringsfat.

h) Topp med revet yuzu sitrusskall og server.

48. Oaxacan limesorbet

INGREDIENSER:
- 12 nøkkellime, vasket og tørket
- 1 kopp sukker
- 3¾ kopper vann
- 1 ss lett maissirup
- Klype kosher salt

BRUKSANVISNING:
a) Riv skallet fra limefruktene, fjern så mye av det grønne skallet som mulig og unngå den hvite margen.
b) Kombiner skallet og sukkeret i en blender eller foodprosessor og puls 4 eller 5 ganger for å trekke ut de naturlige oljene.
c) Overfør sukkerblandingen til en bolle, tilsett vann, maissirup og salt, og visp til sukkeret er oppløst.
d) Dekk til og avkjøl til det er kaldt, minst 2 timer, men ikke mer enn 4 timer.
e) Frys og kjerne i en iskremmaskin i henhold til produsentens anvisninger.
f) For en myk konsistens, server sorbeten med en gang; for en fastere konsistens, overfør den til en beholder, dekk den til og la den stivne i fryseren i 2 til 3 timer.

49. Forfriskende limesorbet

INGREDIENSER:

- 6 uvoksede mørkegrønne saftige limefrukter
- 1 til 1 ¼ kopper superfint sukker
- 1 kopp vann
- lime- eller mynteblader, til pynt

BRUKSANVISNING:

a) Riv skallet av 2 lime fint i en bolle, og tilsett så saften av alle limene.

b) Tilsett sukker og vann i bollen og la stå i 1 til 2 timer på et kjølig sted, rør av og til til sukkeret har løst seg opp.

c) Hell blandingen i en iskremmaskin og bearbeid i henhold til produsentens anvisninger, eller håndmiks.

d) Når den er fast, frys den ned i en fryseboks i 15 minutter eller opptil flere timer før servering. Hvis du fryser den lenger, ta den ut av fryseren 10 minutter før servering for å bli myk. Denne sorbeten kan fryses i opptil 3 uker, men den spises best så fort som mulig.

e) Denne oppskriften vil fylle 10 limeskall. For å servere på denne måten fjerner du den øverste tredjedelen av limefruktene og presser ut saften i en bolle med en rømmer eller håndpresser, pass på at skjellene ikke deler seg.

f) Øs ut og kast eventuell gjenværende fruktkjøtt. Hell sorbeten i skjellene og frys inn til servering.

g) Legg til et lime- eller mynteblad for å pynte hvert fylt limeskall.

50. Sitronsorbet

INGREDIENSER:

- 2 store saftige uvoksede sitroner, vasket
- ½ kopp superfint sukker
- 1 ½ kopper kokende vann

BRUKSANVISNING:

a) Riv skallet av sitronene fint i en bolle. Press sitronsaften (minst ¾ kopp) i bollen og tilsett sukker og vann. Rør godt og la stå i 1 til 2 timer på et kjølig sted, rør av og til til sukkeret har løst seg opp. Slapp av.

b) Hell blandingen i en iskremmaskin og bearbeid i henhold til produsentens anvisninger, eller hell den over i en fryseboks og frys ned ved å følge håndblandingsmetoden.

c) Når sorbeten er fast, frys den i en fryseboks i 15 til 20 minutter eller til den skal serveres. Overfør den eventuelt til kjøleskapet 10 minutter før servering for å mykne.

d) Denne sorbeten vil ikke være god hvis den fryses i mer enn 2 til 3 uker.

51. Grapefrukt og Gin Sorbet

INGREDIENSER:
- $5\frac{1}{2}$ gram granulert sukker
- 18 gram grapefruktjuice
- 4 ss gin

BRUKSANVISNING:

a) Ha sukkeret i en kjele og tilsett 300 ml/$\frac{1}{2}$ halvliter vann. Varm forsiktig under omrøring til sukkeret har løst seg opp. Øk varmen og kok raskt i ca 5 minutter til blandingen ser sirupsaktig ut. Fjern fra varmen og la avkjøle.

b) Rør grapefruktjuice inn i sirupen.

c) Dekk til og avkjøl i ca 30 minutter eller til den er godt avkjølt. Rør inn ginen.

d) Ha blandingen i iskremmaskinen og frys etter anvisning.

e) Overfør til en passende beholder og frys til nødvendig.

52. Melon- og limesorbet

INGREDIENSER:

- 1 stor melon
- 150 g/5½ unse rørsukker
- 2 små lime

BRUKSANVISNING:

a) Skjær melonen i to og øs ut og kast frøene. Skrap ut kjøttet og vei - du trenger omtrent 1 pund

b) Ha melonkjøttet i en foodprosessor eller blender; tilsett sukker og puré til den er jevn.

c) Halver limefruktene og press ut saften. Tilsett limesaften i melonblandingen og puré kort.

d) Overfør til en kanne, dekk til og avkjøl i ca 30 minutter eller til den er godt avkjølt.

e) Ha blandingen i iskremmaskinen og frys etter anvisning.

f) Overfør til en passende beholder eller i fire former og frys til nødvendig.

53. Sitron- og chutneysorbet

INGREDIENSER:

- En 17-unse krukke med chutney
- 1 kopp varmt vann
- 1 ss fersk sitronsaft

BRUKSANVISNING:

a) Ha chutneyen i en foodprosessor og bearbeid enheten jevnt. Med maskinen i gang, dårlig i det varme vannet, så sitronsaften.

b) Hell blandingen i bollen til iskremmaskinen og frys.

c) Vennligst følg produsentens bruksanvisning. 15 til 20 minutter.

54. Rosa Lemonade og Oreo sorbet

INGREDIENSER:
- 2 bokser Jordbær i sirup
- 2 ts rosa limonade
- 1 ts vaniljeessens
- 3 kopper Friske jordbær i kvarte
- 2 ts sukker
- 2 ss balsamicoeddik
- 4 Oreos, smuldret

BRUKSANVISNING:

a) Ha hermetiske jordbær, rosa limonade og vaniljeessens i en blender og kjør til den er jevn, ca. 1 minutt.
b) Overfør blandingen til en iskremmaskin.
c) Behandle i henhold til produsentens anvisninger.
d) Legg de friske jordbærene i en middels bolle.
e) Dryss over sukker og bland dem grundig.
f) Tilsett balsamicoeddik og rør forsiktig. La stå i 15 minutter, rør av og til.
g) Hell jordbærsorbeten i boller. Fordel den friske jordbærblandingen over sorbeten.
h) Dryss Oreos over jordbærene og server.

55. Rubin grapefruktsorbet

INGREDIENSER:

- 2 modne rubinrøde eller rosa grapefrukter
- 1 kopp sukkersirup
- 4 ss bringebær- eller tyttebærjuice

BRUKSANVISNING:

a) Skjær grapefruktene i to. Klem ut all saften (ta vare på skjellene hvis du ønsker å servere sorbeten i dem) og bland med sirup og juice.

b) Fjern forsiktig og kast eventuell gjenværende fruktkjøtt i skjellene.

c) Hell blandingen i en iskremmaskin og bearbeid i henhold til produsentens anvisninger, eller hell den i en fryseboks og frys ned ved å bruke håndmiksingsmetoden.

d) Når sorbeten er fast, hell den i grapefruktskjellene (hvis du bruker) eller en fryseboks og frys den i 15 minutter eller til den skal serveres. Ta den eventuelt ut av fryseren 5 minutter før servering for å bli myk. Skjær grapefrukthalvdelene i skiver for servering.

e) Denne sorbeten spises best så fort som mulig, men den kan fryses i opptil 3 uker.

56. Mandarin oransje sorbet

INGREDIENSER:
- Fem 11-unse bokser med mandarin appelsiner pakket i lett sirup
- 1 kopp superfint sukker
- 3 ss fersk sitronsaft

BRUKSANVISNING:
a) Tøm appelsinene og reserver 2 kopper sirup. Puré appelsinene i en foodprosessor. Rør inn den reserverte sirupen, sitronsaften og sukkeret.
b) Hell blandingen i bollen til iskremmaskinen og frys. Vennligst følg produsentens bruksanvisning.

57. Kremet kjernemelk-sitronsorbet

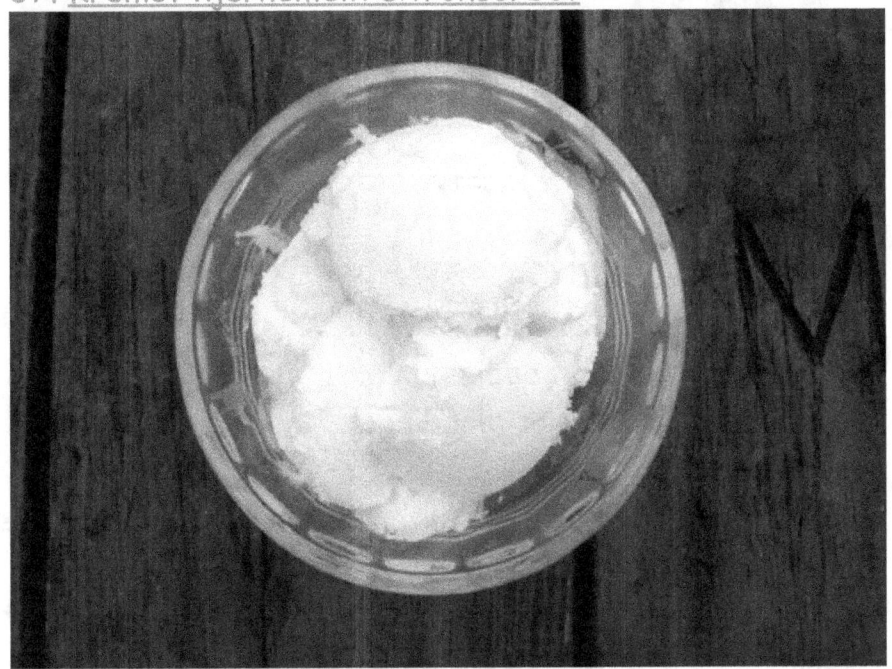

INGREDIENSER:
- 2 kopper lav-fett kjernemelk
- 1 kopp sukker
- Skal av 1 sitron
- ¼ kopp fersk sitronsaft

BRUKSANVISNING:

a) I en stor miksebolle, rør alle ingrediensene sammen til sukkeret er helt oppløst.

b) Dekk til og avkjøl blandingen i ca 4 timer, til den er veldig kald.

c) Overfør blandingen til en iskremmaskin og frys i henhold til produsentens anvisninger.

d) Overfør sorbeten til en frysesikker beholder og frys i minst 4 timer før servering.

58. Sitrus pepper sorbet

INGREDIENSER:

- 3 gul voks varm paprika, stilker og frø fjernet, hakket
- 1 ¾ kopper vann
- 1 ¼ kopper sukker
- 3 appelsiner, skrelt med segmenter fjernet fra membranen
- 2 ss mørk rom
- 4 ss fersk sitron- eller limejuice
- 3 ss lett maissirup

BRUKSANVISNING:

a) Bland 1 ¼ kopper av vannet med sukker i en panne. Varm opp til sukkeret er oppløst. Kok opp, fjern fra varmen og avkjøl til romtemperatur. Avkjøl i 2 timer.

b) Puré de resterende ingrediensene med ½ kopp vann. Avkjøl i 2 timer.

c) Rør sukkerblandingen inn i frukten og frys etter anvisning.

59. Kokos Lime Sorbet

INGREDIENSER:

- 1 (15-unse) boks med krem av kokos
- $\frac{3}{4}$ kopp vann
- $\frac{1}{2}$ kopp fersk limejuice
- Valgfritt: $\frac{1}{2}$ kopp hakkede maraschinokirsebær
- Pynt: Fersk ananas, kirsebær, mangoskiver, banan

BRUKSANVISNING:

a) I en bolle, visp ingrediensene sammen.

b) Hvis du legger til kirsebær, gjør det nå.

c) Frys blandingen i en iskremmaskin, i henhold til produsentens anvisninger.

d) Ha sorbeten over i en lufttett beholder og sett den i fryseren for å stivne.

e) Ha over i serveringsskåler og pynt med frisk frukt.

60. Lime sorbet

Gir 4 til 6 porsjoner

INGREDIENSER:

- 3 kopper vann
- 1 ¼ kopper granulert sukker
- ¾ kopp lett maissirup
- 2/3 kopp fersk limejuice (4 store eller 6 mellomstore lime)
- Limebåter til pynt (valgfritt)

BRUKSANVISNING:

a) Bland vann med sukker og maissirup i en tykk kjele. Rør over høy varme for å løse opp sukkeret.

b) Kok opp. Reduser varmen til moderat temperatur og la koke i 5 minutter uten å røre.

c) Fjern fra varmen og la avkjøles ved romtemperatur.

d) Rør inn limejuice. Hell i en miksebolle av metall og sett i fryseren til den er stiv. Sett visper i fryseren for å avkjøle.

e) Ta limeblandingen ut av fryseren. Bryt den opp med en tresleiv. Pisk på lav hastighet til den er fri for klumper.

f) Tilbake i fryseren til den er stiv igjen. Slå på nytt med avkjølte visper

g) Sorbeten holder seg i fryseren i en jevn konsistens i flere uker. Sitronsaft kan erstatte limejuice og grønn konditorfarge kan tilsettes.

h) Det klare, rene utseendet til limesorbeten uten å farge med et garnityr av limekiler er vakkert.

61. Honning sitronsorbet

INGREDIENSER:
- ½ kopp varmt vann
- 2/3 kopp honning
- 1 ss revet sitronskall
- 1 kopp fersk sitronsaft
- 2 kopper kaldt vann

BRUKSANVISNING:
a) Ha varmt vann, honning og skall i bollen. Rør til honningen er oppløst. Rør inn sitronsaft og kaldt vann.
b) Hell blandingen i bollen til iskremmaskinen og frys. Vennligst følg produsentens bruksanvisning

URTE- OG BLOMMESORBETTER

62. Moringa og blåbærsorbet

INGREDIENSER:

- 1 ts Moringa pulver
- 1 kopp frosne blåbær
- 1 frossen banan
- ¼ kopp kokosmelk

BRUKSANVISNING:

a) Tilsett alle ingrediensene i en blender eller foodprosessor og kjør til en jevn masse.
b) Tilsett mer væske om nødvendig.

63. Eple- og myntesorbet

Ca 4-6 porsjoner

INGREDIENSER:

- 100 g/3½ unser gyldent granulert sukker
- 5 store kvister mynte
- 425 ml/¾ halvliter eplejuice

BRUKSANVISNING:

a) Ha sukkeret i en kjele og tilsett myntekvistene og 300 ml/½ halvliter vann. Varm forsiktig under omrøring til sukkeret har løst seg opp.

b) Øk varmen og kok raskt i ca 5 minutter til blandingen ser sirupsaktig ut.

c) Ta av varmen og rør inn eplejuicen.

d) Dekk til og avkjøl i minst 30 minutter eller til den er godt avkjølt.

e) Sil blandingen for å fjerne mynten.

f) Ha i iskremmaskinen og frys etter anvisning.

g) Overfør til en passende beholder og frys til nødvendig.

64. Konstant kommentar Sorbet

INGREDIENSER:

- 1 kopp konstant kommentar teblader
- 2 kopper kaldt vann
- Fire 1x3 tommers strimler med appelsinskall
- 2 kopper enkel sirup
- 2 kopper appelsinjuice

BRUKSANVISNING:

a) Ha tebladene, vannet og appelsinskallet i en bolle. Bland til tebladene er gjennomvåte nok til å holde seg under vann.

b) Sett i kjøleskapet over natten.

c) Hell blandingen gjennom en sil, trykk på tebladene for å få all væsken. Du vil ha omtrent ⅓ kopp sterk te. Kast tebladene og appelsinskallet.

d) Kombiner teen med enkel sirup og appelsinjuice. Legg i bollen på maskinen og frys i 12 til 15 minutter.

65. Korianderinfundert avokadolimesorbet

INGREDIENSER:

- 2 avokadoer (fjernet grop og hud)
- ¼ kopp Erythritol, pulverisert
- 2 mellomstore limefrukter, saftet og skallet
- 1 kopp kokosmelk
- ¼ ts flytende stevia
- ¼ - ½ kopp koriander, hakket

BRUKSANVISNING:

a) Kok opp kokosmelk i en kjele. Tilsett limeskallet.
b) La blandingen avkjøles og frys deretter.
c) Kombiner avokado, koriander og limejuice i en foodprosessor. Puls til blandingen har en tykk tekstur.
d) Hell kokosmelkblandingen og flytende stevia over avokadoene. Puls blandingen sammen til den når passende konsistens. Det tar omtrent 2-3 minutter å gjøre denne oppgaven.
e) Sett tilbake i fryseren for å tine eller server med en gang!

66. Grønn te sorbet

INGREDIENSER:

- $\frac{3}{4}$ kopp sukker
- 3 kopper varmbrygget grønn te

BRUKSANVISNING:

a) Løs opp sukker i te og avkjøl til det er godt avkjølt.

b) Frys i en iskremfryser i henhold til produsentens anvisninger.

67. Earl Grey te-sorbet

INGREDIENSER:

- 1 liten uvokset sitron
- 6 gram gyllent melis
- 2 teposer

BRUKSANVISNING:

a) Skjær skallet tynt fra sitronen.

b) Ha sukkeret i en kjele med 600 ml (1 halvliter) vann og varm forsiktig opp til sukkeret har løst seg opp.

c) Tilsett sitronskallet i sukkerblandingen og kok i 5-10 minutter til det er lett sirupsaktig.

d) Hell 150 ml ($\frac{1}{4}$ halvliter) kokende vann over teposene og la trekke i 5 minutter.

e) Fjern teposene (klem ut brennevinet) og kast dem.

f) Tilsett tevæsken i sukkerløsningen og la den avkjøles.

g) Dekk til og avkjøl i 30 minutter eller til den er godt avkjølt.

h) Sil over i iskremmaskinen og frys etter anvisning.

i) Overfør til en beholder, dekk til og oppbevar i fryseren. Det vil sannsynligvis trenge omrøring etter omtrent de første 45 minuttene med frysing.

68. Jasmin te sorbet

INGREDIENSER:

- 1 ¼ kopper sjasminte, avkjølt
- ¼ kopp sukkersirup , avkjølt
- 1 til 2 teskjeer sitronsaft
- 1 middels eggehvite

BRUKSANVISNING:

a) Bland te, sukkersirup og sitronsaft. Hell i en iskremmaskin og bearbeid i henhold til produsentens anvisninger, eller hell i en fryseboks og frys ned ved å bruke håndmiksingsmetoden. Kjerne til slasket.

b) Pisk eggehviten til det dannes myke topper, vend deretter inn i sorbeten. Fortsett å kjerne og fryse til den er stiv. Frys i 15 minutter før servering eller til nødvendig.

c) Denne sorbeten har en veldig delikat smak og spises best innen 24 timer. Server med sprø mandelkjeks eller tuiles.

69. Ananas-urtesorbet

INGREDIENSER:
- 1 liten ananas, kjerneskåret, skrelt og kuttet i biter
- 1 kopp sukker
- 1 kopp vann
- Saft av 1 lime
- ½ ts kosher salt
- 2 ss hakket urt, som mynte, basilikum eller rosmarin

BRUKSANVISNING:
a) Pureer ananasbitene, sukker, vann, limejuice og salt i en blender eller foodprosessor til en jevn masse.
b) Tilsett urten og puls til urten er brutt ned til grønne prikker.
c) Hell blandingen i en bolle, dekk til og avkjøl bunnen til den er kald, minst 3 timer eller opp til over natten.
d) Visp bunnen forsiktig for å kombineres på nytt. Frys og kjerne i en iskremmaskin i henhold til produsentens anvisninger.
e) For en myk konsistens, server sorbeten med en gang; for en fastere konsistens, overfør den til en beholder, dekk den til og la den stivne i fryseren i 2 til 3 timer.

70. Lavendel sorbet

INGREDIENSER:

- 2 kopper vann
- 1 kopp sukker
- 2 ss tørkede lavendelblomster
- 1 ss sitronsaft

BRUKSANVISNING:

a) Kombiner vann og sukker i en kjele. Varm opp på middels varme til sukkeret er helt oppløst.

b) Fjern fra varmen og tilsett de tørkede lavendelblomstene. La det trekke i 10-15 minutter.

c) Sil blandingen for å fjerne lavendelblomstene.

d) Rør inn sitronsaften.

e) Hell blandingen i en iskremmaskin og kjerne i henhold til produsentens anvisninger.

f) Når den er kjernet, overfør sorbeten til en beholder med lokk og frys den i noen timer for å stivne.

g) Server lavendelsorbeten i avkjølte boller eller glass for en veldoftende og beroligende dessert.

71. Rose Sorbet

INGREDIENSER:

- 2 kopper vann
- 1 kopp sukker
- ¼ kopp tørkede roseblader
- 2 ss sitronsaft
- 1 ss rosevann (valgfritt)

BRUKSANVISNING:

a) Bland vann og sukker i en kjele. Varm opp på middels varme til sukkeret er helt oppløst.

b) Fjern fra varmen og tilsett de tørkede rosebladene. La det trekke i 10-15 minutter.

c) Sil blandingen for å fjerne rosebladene.

d) Rør inn sitronsaft og rosevann (hvis du bruker).

e) Hell blandingen i en iskremmaskin og kjerne i henhold til produsentens anvisninger.

f) Når den er kjernet, overfør sorbeten til en beholder med lokk og frys den i noen timer for å stivne.

g) Server rosesorbeten i avkjølte boller eller glass for en delikat og floral dessert.

72. Hibiskus sorbet

INGREDIENSER:
- 2 kopper vann
- 1 kopp sukker
- ¼ kopp tørkede hibiskusblomster
- 2 ss sitronsaft

BRUKSANVISNING:

a) Bland vann og sukker i en kjele. Varm opp på middels varme til sukkeret er helt oppløst.

b) Fjern fra varmen og tilsett de tørkede hibiskusblomstene. La det trekke i 10-15 minutter.

c) Sil blandingen for å fjerne hibiskusblomstene.

d) Rør inn sitronsaften.

e) Hell blandingen i en iskremmaskin og kjerne i henhold til produsentens anvisninger.

f) Når den er kjernet, overfør sorbeten til en beholder med lokk og frys den i noen timer for å stivne.

g) Server hibiskussorbeten i avkjølte boller eller glass for en livlig og syrlig dessert.

73. Hylleblomstsorbet

INGREDIENSER:

- 2 kopper vann
- 1 kopp sukker
- ¼ kopp hylleblomsthjerte
- 2 ss sitronsaft

BRUKSANVISNING:

a) Bland vann og sukker i en kjele. Varm opp på middels varme til sukkeret er helt oppløst.

b) Fjern fra varmen og rør inn hylleblomsten og sitronsaften.

c) La blandingen avkjøles til romtemperatur.

d) Hell blandingen i en iskremmaskin og kjerne i henhold til produsentens anvisninger.

e) Når den er kjernet, overfør sorbeten til en beholder med lokk og frys den i noen timer for å stivne.

f) Server hylleblomstsorbeten i avkjølte boller eller glass til en delikat og floral dessert.

NØTTESORBETER

74. Almond Sorbet

INGREDIENSER:
- 1 kopp Blancherte mandler; ristet
- 2 kopper Kildevann
- $\frac{3}{4}$ kopp Sukker
- 1 klype Kanel
- 6 spiseskjeer Lys maissirup
- 2 spiseskjeer Amaretto
- 1 teskje Sitronskall

BRUKSANVISNING:
a) Kvern mandlene til et pulver i en foodprosessor. Kombiner vann, sukker, maissirup, brennevin, skall og kanel i en stor kjele, og tilsett deretter de malte nøttene.

b) På middels varme, rør hele tiden til sukkeret løser seg opp og blandingen koker. 2 minutter ved oppkok

c) Sett til side til avkjøling. Bruk en iskremmaskin og kjerne blandingen til den er halvfrossen.

d) Hvis du ikke har en iskremmaskin, overfør blandingen til en bolle av rustfritt stål og frys til den er hard, rør hver 2. time.

75. Sorbet med riskaker og rødbønnepasta

INGREDIENSER:

FOR SORBETEN
- 2 ss kondensert melk, søtet
- 1 kopp melk

Å SERVERE
- 3 stykker klebrige riskaker, belagt med stekt soyapulver, kuttet i ¾ tommers terninger
- 4 ts naturlige mandelflak
- 2 ss mini mochi riskaker
- 2 scoops søtet rød bønnepasta
- 4 ts flerkornspulver

BRUKSANVISNING:

a) Bland kondensert melk og melk i en kopp med en leppe for å helle.

b) Legg blandingen i et isbrett og frys til det blir isblokker, ca. 5 timer.

c) Når de er satt, fjerner du dem og legg dem i en blender, og kjør til de er jevne.

d) Ha alle ingrediensene i en serveringsbolle som er avkjølt.

e) Legg 3 ss sorbet i basen, drys deretter med 1 ts flerkornspulver.

f) Tilsett deretter ytterligere 3 ss sorbet, etterfulgt av mer kornpulver.

g) Legg nå riskakene og bønnepasta på toppen.

h) Dryss med mandler og server.

76. Pistasj sorbet

INGREDIENSER:

- 1 kopp skallede pistasjnøtter
- ½ kopp sukker
- 2 kopper vann
- 1 ss sitronsaft

BRUKSANVISNING:

a) Kvern pistasjenøttene til et fint pulver i en blender eller foodprosessor.

b) Kombiner de malte pistasjenøtter, sukker, vann og sitronsaft i en kjele. La blandingen småkoke på middels varme, rør til sukkeret er oppløst.

c) Fjern fra varmen og la blandingen avkjøles til romtemperatur.

d) Sil blandingen gjennom en finmasket sil for å fjerne eventuelle faste stoffer.

e) Hell den silte blandingen i en iskremmaskin og kjerne i henhold til produsentens anvisninger.

f) Når den er kjernet, overfør sorbeten til en beholder med lokk og frys den i noen timer for å stivne.

g) Server pistasjsorbeten i avkjølte boller eller glass for en herlig og nøtteaktig dessert.

77. Hasselnøttsjokoladesorbet

INGREDIENSER:
- 1 kopp hasselnøttmelk
- ½ kopp sukker
- ¼ kopp kakaopulver
- ½ ts vaniljeekstrakt
- Klype salt

BRUKSANVISNING:

a) I en kjele, visp sammen hasselnøttmelk, sukker, kakaopulver, vaniljeekstrakt og salt. Varm opp over middels varme til blandingen er godt blandet og sukkeret er oppløst.

b) Fjern fra varmen og la blandingen avkjøles til romtemperatur.

c) Overfør blandingen til en iskremmaskin og kjerne i henhold til produsentens anvisninger.

d) Når den er kjernet, overfør sorbeten til en beholder med lokk og frys den i noen timer for å stivne.

e) Server hasselnøttsjokoladesorbeten i avkjølte boller eller glass for en fyldig og overbærende dessert.

78. Cashew Kokos Sorbet

INGREDIENSER:
- 1 kopp cashewmelk
- ½ kopp kokosmelk
- ½ kopp sukker
- ½ ts vaniljeekstrakt
- Bær, til pynt

BRUKSANVISNING:
a) I en kjele, visp sammen cashewmelk, kokosmelk, sukker og vaniljeekstrakt. Varm opp over middels varme til blandingen er godt blandet og sukkeret er oppløst.
b) Fjern fra varmen og la blandingen avkjøles til romtemperatur.
c) Overfør blandingen til en iskremmaskin og kjerne i henhold til produsentens anvisninger.
d) Når den er kjernet, overfør sorbeten til en beholder med lokk og frys den i noen timer for å stivne.
e) Server cashew-kokossorbeten i avkjølte boller eller glass for en kremet og tropisk dessert.
f) Topp med bær.

79. Valnøtt Maple Sorbet

INGREDIENSER:
- 1 kopp valnøttmelk
- ½ kopp lønnesirup
- ¼ kopp sukker
- ½ ts vaniljeekstrakt

BRUKSANVISNING:

a) I en kjele, visp sammen valnøttmelk, lønnesirup, sukker og vaniljeekstrakt. Varm opp over middels varme til blandingen er godt blandet og sukkeret er oppløst.

b) Fjern fra varmen og la blandingen avkjøles til romtemperatur.

c) Overfør blandingen til en iskremmaskin og kjerne i henhold til produsentens anvisninger.

d) Når den er kjernet, overfør sorbeten til en beholder med lokk og frys den i noen timer for å stivne.

e) Server valnøttlønnesorbeten i avkjølte boller eller glass for en nøtteaktig og naturlig søt dessert.

ALKOHOLSORBETER

80. Bellini Sorbet

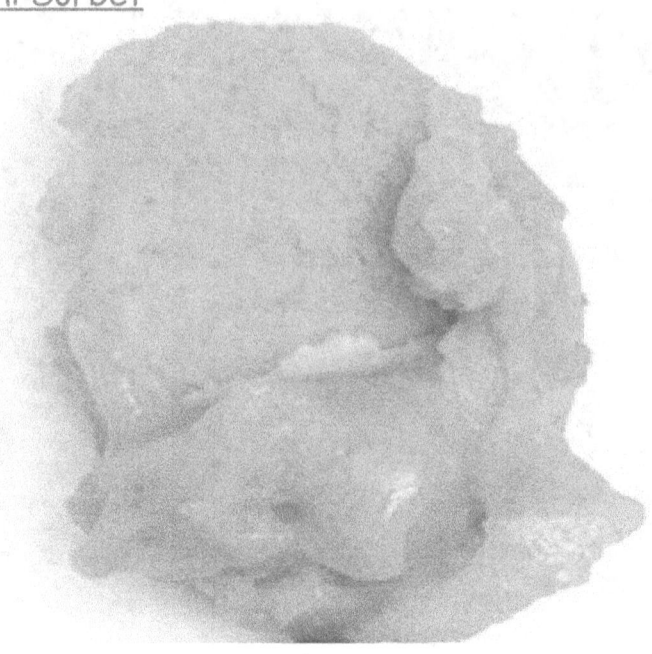

INGREDIENSER:

- 4 modne ferskener, skrellet, pitlet og purert i en foodprosessor
- ⅔ kopp sukker
- ¼ kopp lett maissirup
- ⅔ kopp hvit Burgund
- 3 ss fersk sitronsaft

BRUKSANVISNING:

a) Kok Kombiner purerte fersken, sukker, maissirup, vin og sitronsaft i en middels kjele og kok opp, rør til sukkeret er oppløst. Overfør til en middels bolle og la avkjøles.

b) Avkjøl Plasser sorbetbunnen i kjøleskapet og avkjøl i minst 2 timer.

c) Frys Fjern den frosne beholderen fra fryseren, sett sammen iskremmaskinen og slå den på. Hell sorbetbunnen i beholderen og sentrifuger bare til den er konsistensen av veldig mykt pisket krem.

d) Pakk sorbeten i en oppbevaringsbeholder. Trykk et ark med pergament direkte mot overflaten og forsegl det med et lufttett lokk. Frys i den kaldeste delen av fryseren til den er fast, minst 4 timer.

81. Jordbær Champagne Sorbet

INGREDIENSER:

- 4 kopper friske jordbær, vasket og skrellet
- 1 ½ kopp champagne eller prosecco
- ⅓ kopp granulert sukker

BRUKSANVISNING:

a) Tilsett alle ingrediensene i en blender og kjør til en jevn masse.

b) Overfør blandingen til en iskremmaskin og kjerne i henhold til produsentens instruksjoner.

c) Spis umiddelbart eller overfør til en frysesikker beholder for å avkjøle til den er fast.

82. Applejack Sorbet en Casis

INGREDIENSER:

- 2 ¾ kopper kaldt vann
- 1 (1-tommers) kanelstang
- 1 ½ kopper granulert sukker
- Klype salt
- ¼ kopp eplejacke
- 4 ss sitronsaft
- 1 ss revet appelsinskall

BRUKSANVISNING:

a) Bland i en kjele kaldt vann, kanel, sukker, salt og applejacke.

b) Rør til sukkeret er oppløst. Kok opp og kok i 5 minutter uten å røre.

c) Sil væsken over i en kjele eller en stor bolle og avkjøl litt.

d) Rør den silte sitronsaften og revet appelsinskall inn i blandingen.

e) Avkjøl grundig og avkjøl før frysing.

83. Hibiscus-Sangria-sorbet

INGREDIENSER:

- 2 kopper rødvin
- 1 kopp vann
- 1½ kopper tørkede hibiskusblomster
- 2 ss lett maissirup
- 1 kopp sukker
- Revet skall og saft av 1 liten appelsin
- 1 liten fersken
- 1 lite syrlig eple
- ½ kopp røde druer
- ½ kopp jordbær

BRUKSANVISNING:

a) Kombiner vin, vann, hibiskus, maissirup og ¾ kopp sukker i en kjele. La det småkoke over middels varme og kok i 5 minutter, rør for å løse opp sukkeret.

b) Ta av varmen, rør inn appelsinskallet og saften, og la avkjøles til romtemperatur.

c) Hell blandingen gjennom en finmasket sil satt over en bolle. Dekk til og avkjøl til det er kaldt, minst 3 timer, eller opptil over natten.

d) Ca 15 minutter før du er klar til å fryse sorbeten, pit og finhakk fersken. Kjernen og finhakk eplet. Skjær druene i to.

e) Skrell og finhakk jordbærene. Kombiner all frukten i en bolle, tilsett den resterende ¼ koppen sukker, og bland for å kombinere. Sette til side.

f) Frys og kjerne hibiskusblandingen i en iskremmaskin i henhold til produsentens anvisninger.

g) Når sorbeten er ferdig kjernet, tømmer du fruktblandingen i en finmasket sil, og blander deretter frukten inn i sorbeten.

h) Overfør til en beholder, dekk til og la stivne i fryseren i 2 til 3 timer.

84. Champagne cocktailsorbet

INGREDIENSER:

- 1 ½ kopper vann, avkjølt
- ½ kopp grapefruktjuice
- 1 kopp superfint sukker
- 1 ½ kopper champagne eller musserende tørr hvitvin, avkjølt
- 1 middels eggehvite

BRUKSANVISNING:

a) Bland vann, grapefruktjuice og sukker. Avkjøl til sukkeret har løst seg opp. Rør inn champagnen eller musserende vin.

b) Hell i en iskremmaskin og bearbeid i henhold til produsentens anvisninger, eller i en fryseboks og frys ned ved å bruke håndmiksemetoden. Kjerne til det blir slasket.

c) Pisk eggehviten til den danner myke topper. Tilsett den i bollen med sorbet mens du kjerner, eller brett den inn i blandingen i fryseboksen. Fortsett til den er fast. Frys i minst 20 minutter for å stivne før servering. Server sorbeten direkte fra fryseren, for den smelter veldig raskt.

d) Før servering fryser du glassene kort, med en dråpe konjakk, Cassis eller Fraise i bunnen.

e) Ikke oppbevar den lenger enn noen få dager.

85. Sorbets regnbue

INGREDIENSER:

- 1 (16 unse) boks med skiver eller halverte pærer i kraftig sirup
- 2 ss Poire William likør
- 1 (16 unse) boks med skiver eller halvert fersken i kraftig sirup
- 2 ss bourbon
- 1 (20 gram) boks knust ananas i tung sirup
- 3 ss mørk rom
- 2 ss hermetisk krem av kokos
- 1 (16 unse) boks med halvparter av aprikos i kraftig sirup
- 2 ss amaretto
- 1 (17 unse) boks med plomme i kraftig sirup
- 4 ss creme de cassis
- ¼ teskje kanel

BRUKSANVISNING:

a) Frys en uåpnet boks med frukt til den er frossen fast, minst 18 timer.

b) Senk den uåpnede boksen i varmt vann i 1 til 2 minutter.

c) Åpne boksen og hell sirupen i foodprosessorbollen. Fjern den andre enden av boksen og vend frukten ut på skjæreflaten.

d) Skjær i 1-tommers skiver, kutt deretter i biter og legg i prosessorbollen. Bearbeid, pulser av og på, til den er jevn. Tilsett de resterende ingrediensene og bearbeid bare for å blande grundig.

e) Server umiddelbart eller skje i bollen, dekk til og frys til servering, opptil 8 timer.

86. Lime Daiquiri sorbet

INGREDIENSER:

- 2 ½ kopper fersk limejuice (10 til 12 store limefrukter)
- Revet skall av 3 lime
- 1 ⅓ kopper granulert sukker
- 1 kopp rom
- ½ kopp vann

BRUKSANVISNING:

a) Bearbeid alle ingrediensene i en blender eller foodprosessor utstyrt med et metallblad.

b) Frys i en iskremmaskin, følg produsentens anvisninger.

87. Calvados sorbet

INGREDIENSER:
- 1 ¾ kopper pluss 2 ss Calvados
- 3 ss enkel sirup

BRUKSANVISNING:

a) Varm 1 ½ kopper Calvados i en kjele over middels varme til den er varm.

b) Slå av varmen, stå tilbake og berør Calvados med en tent fyrstikk.

c) La det brenne til flammene slukker, ca 8 minutter. Rør inn de resterende 6 ss.

d) Calvados og den enkle sirupen

e) Hell blandingen i bollen til iskremmaskinen og frys. Vennligst følg produsentens bruksanvisning. 30 minutter.

GRØNNSAKE SORBETER

88. Bete Borscht Sorbet

INGREDIENSER:

- 1 pund rødbeter
- 5 kopper vann
- 2 ½ ts hvit eddik
- 2 ss fersk sitronsaft
- ¾ ts sitronsyre (surt salt) krystaller ½ til ¾ kopp sukker
- 2 ¼ ts salter Rømme Hakket dill

BRUKSANVISNING:

a) Vask og skrubb rødbetene godt. Klipp av alle stilkene unntatt 1 tomme.
b) Ha rødbetene i en kjele med vannet. Sett over høy varme og kok opp.
c) Dekk til pannen, reduser varmen til et lavt oppkok og stek i 20 til 40 minutter, eller til rødbetene kan deles med et spyd.
d) Sett til side for å avkjøle litt.
e) Sil rødbetene gjennom en finmasket sil over i en panne. Reserver rødbetene til annen bruk.
f) Mål væsken og tilsett nok vann til å lage 4 kopper. Mens væsken fortsatt er varm, tilsett eddik, sitronsaft, sitronsyre, sukker og salt. Rør for å løse opp.
g) Smak til og korriger eventuelt krydder. Effekten skal være søt og sur.
h) Avkjøl borsjten grundig. Hell i bollen på maskinen og frys.
i) Pynt med en klatt rømme og et dryss fersk dill.

89. Tomat- og basilikumsorbet

INGREDIENSER:

- 5 friske modne tomater
- ½ kopp fersk sitronsaft
- 1 ts salt
- ½ kopp enkel sirup
- 1 ss tomatpuré
- 6 friske basilikumblader, grovhakket

BRUKSANVISNING:

a) Skrell, kjerne løs og frø tomatene.
b) Puré dem i en foodprosessor du bør ha ca 3 kopper puré.
c) Rør inn de resterende ingrediensene
d) Hell blandingen i bollen til iskremmaskinen og frys.
e) Vennligst følg produsentens bruksanvisning.

90. Agurk-Lime Sorbet Med Serrano Chile

INGREDIENSER:

- 2 kopper vann
- 1 kopp sukker
- 2 ss lett maissirup
- 2 serrano eller jalapeño chili, stilket og frøet
- 1 ts kosher salt
- 2 pund agurker, skrelles, frøsettes og kuttes i store biter
- ⅔ kopp ferskpresset limejuice

BRUKSANVISNING:

a) Kombiner 1 kopp vannet og sukkeret i en liten kjele. La det småkoke på middels varme, rør for å løse opp sukkeret. Ta av varmen, rør inn maissirupen og la den avkjøles.

b) I en blender kombinerer du den resterende 1 koppen med vann, chilien og saltet og puréer til det ikke er noen synlige biter. Hell blandingen gjennom en finmasket sil satt over en bolle.

c) Ha det silte chilivannet tilbake i blenderen, tilsett agurkene og kjør til det er jevnt.

d) Hell blandingen gjennom den finmaskede silen satt over bollen. Rør inn limesaften og sukkersirupen. Dekk til og avkjøl til det er kaldt, minst 4 timer eller opptil 8 timer.

e) Frys og kjerne i en iskremmaskin i henhold til produsentens anvisninger. For en myk konsistens, server sorbeten med en gang; for en fastere konsistens, overfør den til en beholder, dekk den til og la den stivne i fryseren i 2 til 3 timer.

91. Rød bønnepastasorbet

INGREDIENSER:
- En 18-ounce boks med søtet rød bønnepasta
- 1 kopp vann
- 1 ½ kopp enkel sirup

BRUKSANVISNING:

a) Ha bønnepastaen og vannet i en foodprosessor og puré til det er jevnt. Rør inn den enkle sirupen.

b) Hell blandingen i bollen til iskremmaskinen og frys. Vennligst følg produsentens bruksanvisning.

92. Mais og kakaosorbet

INGREDIENSER:

- ½ kopp masa harina
- 2½ kopper vann, pluss mer etter behov
- 1 kopp sukker
- ½ kopp usøtet nederlandsk-prosess kakaopulver
- Klype kosher salt
- ¾ teskje malt meksikansk kanel
- 5 gram bittersøt eller halvsøt sjokolade, finhakket

BRUKSANVISNING:

a) Kombiner masa harinaen med ½ kopp vann i en bolle.
b) Bland med hendene til du har en jevn deig. Hvis det føles litt tørt, bland inn et par spiseskjeer til med vann og sett til side.
c) I en stor kjele, visp sammen de resterende 2 koppene vann og sukker, kakaopulver og salt. Kok opp på middels varme, visp kontinuerlig for å smelte sukkeret.
d) Tilsett masa-blandingen, kok opp og kok under kontinuerlig visp til blandingen er godt kombinert og det ikke er noen klumper, ca. 3 minutter. Visp inn kanel og sjokolade, til sjokoladen er smeltet. Overfør bunnen til en bolle, dekk til og avkjøl til den er kald, ca 2 timer.
e) Visp bunnen for å kombineres på nytt. Frys og kjerne i en iskremmaskin i henhold til produsentens anvisninger. For en myk konsistens, server sorbeten med en gang; For en fastere konsistens, overfør den til en beholder, dekk til og frys den i ikke mer enn 1 time før servering.

93. Agurk mynte sorbet

INGREDIENSER:

- 2 store agurker
- ½ kopp friske mynteblader
- ¼ kopp sukker
- 2 ss limejuice
- Klype salt

BRUKSANVISNING:

a) Skrell og del agurkene i terninger.
b) I en blender eller foodprosessor kombinerer du kuttede agurker, mynteblader, sukker, limejuice og salt. Bland til jevn.
c) Sil blandingen gjennom en finmasket sil for å fjerne eventuelle faste stoffer.
d) Hell den silte blandingen i en iskremmaskin og kjerne i henhold til produsentens anvisninger.
e) Når den er kjernet, overfør sorbeten til en beholder med lokk og frys den i noen timer for å stivne.
f) Server agurkmyntesorbeten i avkjølte boller eller glass som en forfriskende og avkjølende godbit.

94. Stekt rød pepper sorbet

INGREDIENSER:

- 2 store røde paprika
- ¼ kopp sukker
- 2 ss sitronsaft
- Klype salt
- Dash cayennepepper (valgfritt for et krydret kick)

BRUKSANVISNING:

a) Forvarm ovnen til 400°F (200°C).
b) Skjær den røde paprikaen i to og fjern frøene og hinnene.
c) Legg paprikahalvdelene på en bakeplate med snittsiden ned.
d) Stek paprikaene i ovnen i 25-30 minutter eller til skallet er forkullet og har fått blemmer.
e) Ta paprikaene ut av ovnen og la dem avkjøles. Når den er avkjølt nok til å håndtere, skrell av huden.
f) Kombiner stekt rød paprika, sukker, sitronsaft, salt og cayennepepper (hvis du bruker) i en blender eller foodprosessor. Bland til jevn.
g) Sil blandingen gjennom en finmasket sil for å fjerne eventuelle faste stoffer.
h) Hell den silte blandingen i en iskremmaskin og kjerne i henhold til produsentens anvisninger.
i) Når den er kjernet, overfør sorbeten til en beholder med lokk og frys den i noen timer for å stivne.
j) Server den stekte røde peppersorbeten i kjølte boller eller glass som en unik og smakfull forrett eller dessert.

95. Bete og appelsinsorbet

INGREDIENSER:
- 2 mellomstore rødbeter, kokt og skrelt
- Skal og saft av 2 appelsiner
- ¼ kopp sukker
- 2 ss sitronsaft
- Klype salt

BRUKSANVISNING:
a) Kutt de kokte og skrellede rødbetene i biter.
b) Kombiner betebitene, appelsinskall, appelsinjuice, sukker, sitronsaft og salt i en blender eller foodprosessor. Bland til jevn.
c) Sil blandingen gjennom en finmasket sil for å fjerne eventuelle faste stoffer.
d) Hell den silte blandingen i en iskremmaskin og kjerne i henhold til produsentens anvisninger.
e) Når den er kjernet, overfør sorbeten til en beholder med lokk og frys den i noen timer for å stivne.
f) Server bete- og appelsinsorbeten i kjølte boller eller glass for en livlig og syrlig dessert.

SUPPE SORBETER

96. Gazpacho sorbet

INGREDIENSER:

- 2 ½ kopper kjølt Gazpacho
- 2 ss fersk sitronsaft
- 1 ts salt
- 1 kopp vann
- 1 kopp tomatjuice
- ¼ teskje Tabasco
- 4 kverner frisk sort pepper

BRUKSANVISNING:

a) Bland alle ingrediensene, tilpass krydder etter smak.
b) Sil blandingen og ta vare på grønnsaksbitene.
c) Hell væsken i bollen på maskinen og etter frysing i 10 minutter, rør inn den reserverte grønnsaken og frys til den er fast.

97. Kyllingsuppe og dillsorbet

INGREDIENSER:
- 1 liter rik hjemmelaget kyllingkraft
- 2 ss tettpakket, finhakket fersk dill
- 2 til 4 ss fersk sitronsaft
- Salt og nykvernet pepper etter smak

BRUKSANVISNING:

a) Ha alle ingrediensene i bollen til iskremmaskinen og frys.

98. Gulrot ingefær sorbet

INGREDIENSER:
- 4 store gulrøtter
- 1-tommers stykke fersk ingefær, skrelt
- ½ kopp sukker
- ¼ kopp vann
- 2 ss sitronsaft

BRUKSANVISNING:
a) Skrell og kutt gulrøttene i små biter.
b) Kombiner de hakkede gulrøtter, fersk ingefær, sukker, vann og sitronsaft i en blender eller foodprosessor. Bland til jevn.
c) Sil blandingen gjennom en finmasket sil for å fjerne eventuelle faste stoffer.
d) Hell den silte blandingen i en iskremmaskin og kjerne i henhold til produsentens anvisninger.
e) Når den er kjernet, overfør sorbeten til en beholder med lokk og frys den i noen timer for å stivne.
f) Server gulrot-ingefærsorbeten i avkjølte boller eller glass for en livlig og frisk smaksrens.

99. Mushroom Consommé Sorbet

INGREDIENSER:
- 8 gram cremini eller knappsopp, hakket
- 4 kopper grønnsaksbuljong
- 2 fedd hvitløk, finhakket
- 2 ss soyasaus
- 1 ss sitronsaft
- 1 ts sukker
- ½ ts salt
- ¼ teskje svart pepper

BRUKSANVISNING:
a) Kombiner sopp, grønnsaksbuljong, hakket hvitløk, soyasaus, sitronsaft, sukker, salt og sort pepper i en kjele. Kok opp blandingen på middels varme.
b) Reduser varmen og la blandingen småkoke i ca 20 minutter, slik at smakene trekker til.
c) Fjern fra varmen og la blandingen avkjøles til romtemperatur.
d) Sil blandingen gjennom en finmasket sil for å fjerne eventuelle faste stoffer og sikre en jevn konsommé.
e) Hell den silte consomméen i en iskremmaskin og kjerne i henhold til produsentens anvisninger.
f) Når den er kjernet, overfør sorbeten til en beholder med lokk og frys den i noen timer for å stivne.
g) Server soppconsommé-sorbeten i avkjølte boller eller glass som en velsmakende og forfriskende forrett eller smaksrens.

www.ingramcontent.com/pod-product-compliance
Lightning Source LLC
Chambersburg PA
CBHW071856110526
44591CB00011B/1436

KONKLUSJON

Vi håper du har likt å utforske sorbetens verden gjennom "SORBET: FORFRISKENDE OPPSKRIFTER PÅ FROSNE DETTER." Vi utviklet denne kokeboken for å inspirere kreativiteten din og oppmuntre deg til å eksperimentere med smaker, teksturer og presentasjoner for å lage sorbeter som virkelig gleder sansene. Fra klassiske fruktkombinasjoner til unike og eksotiske vendinger, oppskriftene i denne kokeboken tilbyr en rekke alternativer for enhver smak. Enten du foretrekker den syrlige sitrusen, sødmen til bær eller finessen til urter og krydder, har sorbet uendelige muligheter. Så ta tak i iskremmaskinen din, samle favorittingrediensene dine, og la fantasien løpe løpsk mens du fortsetter å utforske verden av hjemmelagde sorbeter. Måtte hver frossen scoop gi deg glede, forfriskning og et snev av sødme til livet ditt. Hurra for mange deilige frosne eventyr!